Sellien / Sosnowsky

RUSSLAND CONNECTION

D1720938

Vorwort

Der Countdown läuft. Viele deutsche Großfirmen und Banken sind in Rußland bereits präsent. Dem Mittelständler fehlen jedoch oft Überblick und Einstiegsmöglichkeiten. Eigentlich nicht verwunderlich, denn oft wirkt dieses Land (kaum drei Stunden Flugzeit entfernt) durch Horror-Meldungen über Mafia, Chaos und Katastrophen erschreckend – und mal strahlt es wiederum anziehende Wärme aus, weckt Sympathie, lädt ein zum Besuch und sogar zum Geschäft.

Ist denn Rußland immer noch ein Geheimnis mit sieben Siegeln, trotz der vielgepriesenen Öffnung und Transparenz? Auch wir können diese Frage nur mit einem eindeutigen „Jein" beantworten. Denn das Land ist wirklich faszinierend und zugleich so anders, daß es mit der mitteleuropäischen Logik schwer zu begreifen ist. Die Russen selbst können es auch nicht immer und niemals vollständig. Wer das Gegenteil behauptet, sagt schlichtweg die Unwahrheit.

Mit unseren Informationen wollen wir Hilfe für die Rußland-Interessierten leisten. Ohne Anspruch auf die absolute Vollständigkeit. Durch praktische Tips, durch mehr oder weniger systematisierte Informationen, in denen wir berufsbedingt buchstäblich schwimmen. Wir wollen, daß auch Sie an diesen Kenntnissen teilhaben und für Ihren Beruf oder Ihr Hobby nutzen.

Das vorliegende Buch ist keine Lektüre und kein Reiseführer im üblichen Sinne. Wir haben absichtlich auf schöngeistige Schnörkel verzichtet, denn wir wollten einen nüchternen praktischen Ratgeber mit fundierter Hintergrundinformation für diejenigen anbieten, die mehr wollen als einen Sehenswürdigkeiten- oder Tourismus-Führer. Und so ist dieser Business-Guide mit vielen Fakten und sonstigen Daten über die, wie wir meinen, wichtigsten politischen und wirtschaftlichen Standorte des Landes zustande gekommen. Natürlich fehlt auch die Unterhaltung nicht…

Wir hoffen, daß Sie mit Hilfe unserer Insider-Information Ihre Reise nach Rußland besser planen und durchführen können. Ihre Gesprächspartner effizienter suchen, aber auch nicht an den Schönheiten des Landes vorbeisausen. Ihre Freizeit genußvoller gestalten können und im Endergebnis die angeblich rätselhafte „russische Seele" besser verstehen. Wir wollen, daß dieses Buch zu Ihrem Nachschlagewerk wird.

Gewiß, wir können nicht auf alle Fragen eine umfassende Antwort geben oder Patentrezepte anbieten. War auch keinesfalls die Absicht. Eine praktische Anregung sollte es sein. Ob es uns gelungen ist, können nur Sie beurteilen.

Udo Sellien

Sergej Sosnowsky

Inhaltsverzeichnis

Das Land und seine Menschen

ie Russische Föderation ist der mit Abstand größte Staat, der aus der ehemaligen UdSSR (die im Dezember 1991 aufgelöst wurde) hervorgegangen ist: Sie umfaßt drei Viertel des Territoriums der früheren Sowjetunion und besitzt elf Zeitzonen. Die Russische Föderation grenzt im Süden an Georgien, Aserbaidschan, Kasachstan, die Mongolei und China an. Im Norden hat die Föderation gemeinsame Grenzen mit Norwegen und Finnland, im Westen mit Weißrußland, der Ukraine, Litauen, Estland und Lettland sowie mit Polen. Die Chinesen (Mongolen) sind die Nachbarn im Osten.

Zum Bestand gehören 21 autonome Republiken, in denen fast 150 Millionen Einwohner leben – davon etwa 75 Prozent in den Städten. Die Landbevölkerung macht gerade mal ein Viertel der Gesamtbevölkerung aus. Mit 8,68 Einwohnern je Quadratkilometer gilt Rußland als relativ dünn besiedelt. Die Menschen drängen in die Städte. Zu den größten gehören Moskau, St. Petersburg, Nishnij Nowgorod, aber auch Nowosibirsk und Jekaterinburg.

Rund 82 Prozent der Bevölkerung Rußlands besteht aus ethnischen Russen. Innerhalb der Nationalitäten, die in der Russischen Föderation zu Hause sind, spielen die Tataren und die Ukrainer eine relativ große Rolle, gefolgt von Tschuwaschen, Dagestaner und Baschkiren.

Regionen gewinnen an Bedeutung

In der Russischen Föderation ist eine Stärkung der regionalen Selbstverantwortung zu beobachten, die vor allem in den zunehmenden regionalen Disparitäten begründet ist. Die Regionen bewältigen auf unterschiedliche Weise die wirtschaftlichen Probleme, die sich aus dem Wegfall der bis Anfang der 90er Jahre bestehenden Märkte ergeben. Sie werden auf unterschiedliche Weise mit dem Wegfall der nationalen industriepolitischen Planungen fertig.

Charakteristisch für die russischen Wirtschaftsreformer war von Anfang an, daß sie die ineffiziente pyramidenförmig aufgebaute und nach Branchen gegliederte Wirtschaftsverwaltung abschafften. An ihre Stelle traten regionale Organe, die bemüht sind, die Wirtschaft vor Ort neu zu organisieren. Zugleich sind jetzt föderale Behörden bemüht, neue „horizontale" Wirtschaftsbeziehungen zu den übrigen russischen Regionen aufzubauen.

Rangliste der Investitionsstandorte

In Risikoanalysen, in denen Banken und Wirtschaftsinstitute die Frage beantworten wollen, in welcher Region der Russischen Föderation die größtmöglichen Gewinne für ausländische Direktinvestitionen zu erzielen sind, rangiert

Moskau Stadt für gewöhnlich an erster Stelle, gefolgt von St. Petersburg, dem Gebiet Nishnij Nowgorod und – im Wolga-Bezirk – dem Gebiet Samara.

Bei der Bewertung der einzelnen Investitionsstandorte werden etwa innenpolitische Gefahren für die Stabilität in Betracht gezogen, die Gefahr möglicher Staatseingriffe in die Wirtschaft abgeschätzt oder auch das Enteignungsrisiko. Wichtig für die Beurteilung des Investitionsstandortes ist auch der Liberalisierungsgrad der jeweils vor Ort vorhandenen Massenmedien. Alle vier genannten Gebiete schneiden dabei in unterschiedlichen Beurteilungen gut ab. Moskau hat dabei einen Pluspunkt, den weder St. Petersburg, noch Nishnij Nowgorod oder Samara vorweisen können: Die Hauptstadt mit dem Städtekranz ringsum besitzt das größte und bedeutendste Wissenschafts- und Forschungszentrum des Landes.

Deutschland ist größter Handelspartner

Der deutsch-russische Handel entwickelt sich trotz der schwierigen rechtlichen und politischen Rahmenbedingungen. Noch immer sind die Kompetenzen regionaler Dienststellen oft wenig geregelt, bürokratische Hindernisse werden in schikanöser Weise aufgetürmt, die Steuergesetzgebung trägt konfiskatorische Züge und ändert sich beinahe von Tag zu Tag. Doch das hat viele deutsche Investoren nicht nachhaltig davon abhalten können, sich in der Russischen Föderation zu engagieren. Allein in Moskau gibt es mittlerweile über 800 deutsche Firmenvertretungen.

Mittlerweile ist die Bundesrepublik Deutschland mit weitem Abstand größter Handelspartner der Russischen Föderation. Die Hauptlieferländer waren im Jahr 1994 Deutschland mit 14,6 Prozent, gefolgt von der Ukraine mit 11,4 Prozent. Rang drei belegten die USA (5,4 Prozent), gefolgt von Weißrußland, Kasachstan, den Niederlanden, Finnland und Großbritannien. Unter den Hauptabnehmerländern lag die Ukraine knapp vor Deutschland, den dritten Platz teilte sich Großbritannien mit der Schweiz, gefolgt von den USA, Weißrußland, China und Italien.

Investitionen nehmen zu

Die deutsche Investitionstätigkeit in dem Riesenland, das ein Achtel der Festlandszonen dieser Erde bedeckt, hat sich Mitte der 90er Jahre deutlich erhöht, nachdem an der Inflationsfront zumindest zeitweilig ein Sieg davongetragen wurde. Die erste Phase der Privatisierung wurde Mitte 1994 abgeschlossen. Eine zweite Welle läuft: In vielen Gebieten dürfen mittlerweile staatliche Betriebe gegen Bares auch an Ausländer veräußert werden. Zeitweilige Inflationsschübe, die zu einem beschleunigten Kursverfall des Rubels führten, haben die wirtschaftliche Entwicklung wieder gebremst und den Investoren Zurückhaltung aufgelegt. Doch zweifellos übt das Marktpotential eine große Anziehung auf deutsche Geschäftsleute aus.

Reise-Informationen

Es ist nicht tollkühn, nach Rußland zu reisen, um mit den Russen Geschäfte zu machen, aber es ist tollkühn, die Gefahren zu ignorieren. „Man muß eben aufpassen", sagen die Ausländer, die schon länger in Rußland leben und die Russen kennen.

Anreise mit dem Auto

Fahrten mit dem eigenen Auto auf den vorgesehenen Autorouten durch den europäischen Teil Rußlands sind kein Abenteuer mehr. Die Ein- und Ausreise ist von und nach allen europäischen Nachbarstaaten inklusive Baltikum und Ukraine zugelassen. Entlang der Autoreiserouten gibt es mittlerweile die erforderlichen Unterkunfts- und Verpflegungseinrichtungen, wie Hotels, Motels, Campingplätze und Restaurants. Aber auch für die Autos wird gesorgt: Es gibt Tankstellen mit bleifreiem Benzin und Reparaturwerkstätten.

Für Moskau kommen mehrere Grenzübergänge in Betracht: Brusnitschnoje (Gebiet Wyborg), Torfjanowka (Wyborg) und Brest (Weißrußland). St. Petersburg ist im Gebiet Wyborg über Torfjanowka beziehungsweise Brusnitschnoje zu erreichen. In den Sommermonaten ist an den polnischen Grenzen Richtung Osten mit erheblichen, an allen anderen Grenzen mit mehrstündigen Wartezeiten zu rechnen.

Autotouristen müssen sich das Visum für Rußland und – gegebenenfalls – auch die Transitvisa für andere Staaten besorgen. Sie benötigen die üblichen Kfz-Papiere und einen internationalen Führerschein. Die sogenannte „Grüne Versicherungskarte" gilt nicht, jedoch kann eine Haftpflichtversicherung an der Grenze abgeschlossen werden. Bei der Einreise muß man sich zur Wiederausfuhr des Kraftfahrzeuges verpflichten und ein entsprechendes Papier unterschreiben. Alle Übernachtungen sind im voraus festzulegen.

Die Straßen sind oft mit Schlaglöchern übersät, Kanaldeckel stehen hoch. Lastwagen haben oft keine Schutzbleche, nachfolgende Fahrzeuge bekommen Steinschlag ab. Mit Gegenständen auf der Fahrbahn muß gerechnet werden. Hilfe auf den Hauptverkehrsstraßen nach Moskau und St. Petersburg gewähren motorisierte Polizeistreifen.

Straßenkarten sind oft unzuverlässig

Ohne Grundkenntnisse des Russischen ist es kaum möglich, Hinweisschilder auf den Landstraßen zu entziffern. (Ein Problem, das sich im innerstädtischen Verkehr potenziert, weil hier die Zahl der Hinweisschilder größer ist. Hier werden Straßennamen allerdings gelegentlich in lateinischen Buchstaben wiedergegeben.)

Russische Straßenkarten und Stadtpläne sind nicht zuverlässiger geworden. Vielerorts wurden Straßen umbenannt, um Spuren des Sozialismus zu tilgen. Die neuen Namen sind in den vorhandenen Karten und Plänen aber häufig nicht zu finden.

Bei Unfällen ist die Moskauer Zentrale von INGOSSTRACH zu verständigen. Adresse: 113035 Moskau, uliza Pjatniskaja, Telefon 095/2332070 oder 2317437

Es empfiehlt sich bei einer Autopanne eine der folgenden Telefonnummern anzurufen: GAI 012/234.2646, Soverinteravto Service 012/2921257, der SOV-TRANSSERVICE Moskau (095/2995900) besorgt einen Abschleppdienst.

Die Bahn – bequem und langsam

Die Anreise mit der Bahn braucht Zeit. Rund 33 Stunden muß man etwa für die Strecke Berlin – St. Petersburg rechnen. Die Strecke St. Petersburg – Moskau wird von Schnellzügen bedient. Moskau ist über mehrere Bahnhöfe mit allen Republiken der früheren Sowjetunion verbunden. Wer sich die Zeit nehmen will, mit dem Zug zu fahren: die Schlafwag en erster Klasse der russischen Bahn sind bequem. (Das gilt auch für die langen Strecken, die innerhalb der Russischen Föderation zurückzulegen sind, reist man von Stadt zu Stadt. Allerdings werden ausländische Geschäftsleute davor gewarnt, den Nachtzug zu benutzten, der zwischen St. Petersburg und Moskau verkehrt.)

Info in Moskau für alle Bahnhöfe unter den Telefonnummern 266-9000 bis 266-9009, Fahrkartenvorverkauf für das gesamte Eisenbahnnetz Rußlands: Telefon Moskau 266-8333.

Anreise per Schiff

Derzeit kommen über 300000 Passagiere mit Schiffen in St. Petersburg an. Die Newa-Stadt ist auf dem Seeweg 320 Kilometer von Helsinki entfernt, von Stockholm sind es 710, von Kiel 1400 Kilometer. Im Sommer gibt es regelmäßige Fährverbindungen zwischen St. Petersburg und mehreren westeuropäischen Häfen, im Winter werden fahrplanmäßig nur wenige Häfen angelaufen.

Für die Strecke Kiel/St. Petersburg hat man 50 Stunden Fahrtzeit einzukalkulieren. Mitnahme des Autos ist möglich. Auch ab Bremerhaven verkehren Passagierschiffe. (Die Passagen sind nicht teuer, inklusive Autotransport bereits für unter 1000 DM zu haben.) Außerdem hat eine Fährlinie zwischen Rügen und Königsberg ihren Dienst aufgenommen. Die russische „Sachalin Shipping Company" bewältigt die 250 Seemeilen in 18 Stunden und fährt in der Sommersaison zweimal wöchentlich. St. Petersburg ist mit Moskau über den Ostsee-Wolga-Kanal verbunden.

Fährdienste:

Baltic Line Schiffahrtsgesellschaft
24103 Kiel
Telefon 0431/982000, Fax 0431/9820060

Schnieder Reisen GmbH
Harkorstraße 123, 22765 Hamburg
Telefon 040/3802060

RUSSOCHART Shipping GmbH
Domstraße 17, 20095 Hamburg
Telefon 040/334444, Fax 040/337600

Gute Flugverbindungen

Gut sind mittlerweile die Flugverbindungen zwischen Deutschland und Rußland: „Aeroflot Russian International Airlines" (eine geschrumpfte Aeroflot)
und Lufthansa verbinden beispielsweise Berlin, Hamburg, Düsseldorf, Frankfurt
und München mit Moskau. Die großen Fluggesellschaft der USA, Asiens und
Westeuropas fliegen Moskau und St. Petersburg an. Nishnij Nowgorod und Samara hingegen sind ans internationale Flugnetz meist via Moskau angebunden.

Moskau besitzt vier Flughäfen

Die Hauptstadt der Russischen Föderation besitzt vier Flughäfen: Von Domode-
dowo, dem größten Flughafen Rußlands, starten Maschinen nach Sibirien, dem
Fernen Osten und Mittelasien. Vnukovo ist der älteste Moskauer Flughafen, er
bedient vor allem die Ukraine und das Schwarze Meer. Scheremetjewo I versorgt den Inlandsverkehr nach Nordwesten. Flüge aus dem westlichen Ausland
treffen in der Regel in Schremetjewo II ein, ein für das 21. Jahrhundert gebauter
internationaler Flughafen.

An die 400 private Fluggesellschaften, die auf Inlandslinien Aeroflot-Maschinen
und Strecken übernommen haben, fliegen innerhalb der GUS (Gemeinschaft unabhängiger Staaten, in die die Russische Föderation mit ihrer Hauptstadt Moskau den Hauptteil einbringt) über 3600 Städte und Ortschaften an. Die Fluggesellschaften bieten nicht den Komfort westlicher Airliner, ihre Sicherheitsstan-
dards sollen nicht die höchsten sein. Doch die Tickets sind preiswert, auch wenn
Ausländern dafür Devisen abverlangt werden. Sich frühzeitig um Buchungen zu
kümmern ist ratsam. Ebenso ratsam ist es, sich bereits eineinhalb Stunden vor
Abflug an den Abfertigungsschaltern einzufinden.

Mittlerweile gibt es aber auch Reiseveranstalter (wie zum Beispiel Hermann
Reisen in 77652 Offenburg, Telefon 0781/9136-0, Fax 0781/9136-30 oder

Toko Reisedienste GmbH, 35119 Rosenthal, Telefon 06458/449, Fax 06458/1236) die günstige Flüge von Deutschland aus in jede Stadt der Russischen Föderation vermitteln – etwa nach Samara. Solche Veranstalter besorgen auch Visa und sind Spezialisten für spezielle Luftfrachtsendungen in die Russische Föderation.

 Aeroflot:

Generalvertretung für die Bundesrepublik Deutschland:
Frankfurt, Telefon 069/27300-620

Aeroflot Berlin
Telefon 030/2269-810

Aeroflot Hamburg
Telefon 040/3742-883/4

Aeroflot Düsseldorf
Telefon 0211/3204-91/2

Aeroflot München
Telefon 089/288-201

Aeroflot Köln
Telefon 02203/4021–25

Aeroflot Leipzig
Telefon 0341/2117-995

 Adressen der Lufthansa in Moskau:

Hotel Olympig Penta
Olympiski Prospekt 18/1

Telefon 9752501 (Reservierungen)

Telefon 5782208 (Frachtabteilung)

Telefon 5782752 (Flughafenbüro)

Beschaffung des Visums

Mindestens drei Wochen, besser vier Wochen vor Reisebeginn muß man sich um ein Visum kümmern. Die Botschaft der Russischen Föderation in Bonn, ihre Außenstelle in Berlin und die Generalkonsulate in Hamburg und München erteilen Visa. Mit dem Antragsformular vorzulegen sind der Reisepaß, drei Paßfotos und die Bestätigung der Hotelbuchung. (Gilt auch für Geschäftsreisende.)

Die Botschaft und Konsulate bearbeiten die Einreiseerlaubnis für Geschäftsreisende auch schneller, wenn man ein Telex oder ein Fax seines russischen Geschäftspartners vorlegen kann, aus dem hervorgeht, daß man sich als eingeladen betrachten darf. Visa – von denen es mehrere Arten gibt, je nach dem ob man als Tourist reist, sich längere Zeit im Land aufhalten will oder mit dem Visum mehrfach ein- und ausreisen möchte – werden nicht in den Paß eingetragen, sondern als Urkunden beigelegt.

Adressen:

 Botschaft der Russischen Föderation,
Waldstraße 42, 53177 Bonn, Telefon 0228/312086/7

Konsularabteilung:
Telefon 0228/312083 oder 312089

 Botschaft Außenstelle Berlin,
Unter den Linden 63, 10117 Berlin, Telefon 030/2291110

Konsularabteilung:
Reichensteiner Weg 34–36, 14195 Berlin, Telefon 030/8327004/5

 Generalkonsulate:
Am Feenteich 20, 22085 Hamburg, Telefon 040/2295301

Seidlstraße 28, 80335 München, Telefon 040/592503

 Botschaft der Bundesrepublik Deutschland in Moskau:
uliza Mosfilmowskaja 56, Telefon 9561000, Fax 9382354

Zollbestimmungen wechseln häufig

Es ist das Bemühen vorhanden, die Zollbestimmungen (die häufig geändert werden) an westliche Normen anzugleichen. Dabei gibt es gleichzeitig das Bestreben, den Export billig in der Russischen Föderation erworbener Waren zu verhindern. Das gilt speziell für Antiquitäten und Kunstgegenstände, deren Ausfuhr nicht gestattet ist.

Es werden Zollerklärungen bei der Einreise verlangt. Kamera, Laptop oder Handy müssen aufgeführt werden, sie sind als persönliche Utensilien zollfrei. Sie müssen aber auch wieder ausgeführt werden, anderenfalls wird nachträglich Zoll erhoben.

Im Reiseverkehr dürfen Ausländer gegenwärtig bis zu 27,5 Millionen Rubel (das 500fache des derzeitigen russischen Mindestlohnes) bei der Ein- und Ausreise mitsichführen. Ohne Einschränkungen eingeführt werden können ausländische Währung sowie Schecks und Kreditkarten. Die eingeführten Geldbeträge der konvertiblen Währungen müssen in der Zollerklärung vermerkt werden. Bei der Ausreise wird für Devisen ab einem Betrag von 500 US-Dollar ein Herkunftsnachweis verlangt.

Währung und Trinkgelder

Rußlands Währung ist der Rubel (abgekürzt rbl), die Bearbeitungsgebühren beim Umtausch schwanken von Bank zu Bank. Hotels zahlen – wie überall auf der Welt – wesentlich niedrigere Beträge aus als Finanzinstitute. Eurocheques können nur ganz selten in Rubel eingelöst werden, Travellerschecks öfter. (Amexco-Reiseschecks auf Dollar-Basis werden immer, Eurocheques seltener akzeptiert.) Auch wenn offiziell Rubel die einzig gültige Währung sind: Ohne Valuta kann man die Rechnung im Luxusrestaurant nicht begleichen.

Trinkgelder gehören heute in der Russischen Föderation zum Alltag, während sie zu Zeiten der Sowjetunion unüblich oder gar verpönt werden. Das Personal in den Hotels und Gaststätten, aber auch die Taxifahrer erwarten ein Extra, das etwa zehn Prozent des Rechnungsbetrages ausmacht.

Geldumtausch

Geldwechsel ist nur in Banken, Hotels und offiziellen Wechselstuben erlaubt. Der Umtausch auf der Straße empfiehlt sich schon deshalb nicht, weil man leicht an dubiose Taschentrickdiebe geraten kann. Der Rücktausch von Rubel in andere Währungen ist immer mit Verlust verbunden. Alle Wechselbelege offizieller Stellen sind bis zur Ausreise aufzubewahren.

Plastikgeld auf dem Vormarsch

Die im Westen populären Zahlungssysteme wie Visa und Mastercard sind auch in Rußland auf dem Vormarsch. Die Ausgabe von lokalen Bankkarten beschleunigt die „Plastifizierung" des Geldes. Es vergeht kaum ein Tag, an dem nicht irgendeine russische Bank ihren Kunden eine neue „Card" anbietet, mit der man vor Ort in Geschäften einkaufen oder Dienstleister bezahlen kann. Für solche Karten gibt es auch die entsprechenden Bankautomaten, aus denen der Bankkunde Geld ziehen kann.

Für den ausländischen Reisenden sehr bequem ist es, daß man mittlerweile von öffentlichen Telefonzellen auch mit Karten telefonieren kann. Die Chip-Karte macht es möglich, mit der U-Bahn zu fahren, ohne jedesmal einen Fahrschein lösen zu müssen. Mit „Plastikgeld" leben der Geschäftsmann und der Tourist unbeschwerter. Doch etwas Bargeld braucht man immer – viele Leistungen werden noch immer nur gegen bar gewährt. Wobei man damit rechnen muß, daß Dienstleister harte Devisen statt Rubel wollen.

Thema Nummer eins: Alltagskriminalität

Taxi nur im Notfall

Das Risiko der Kriminalität ist im russischen Alltags- und Geschäftsleben allgegenwärtig. Das fängt beim Taxi an. Neben staatlichen Taxen gibt es Autobesitzer, die mit oder ohne Lizenz Mietwagendienste anbieten. Sie sind zu meiden. Da hilft es wenig, etwa für die Fahrt von einem Moskauer Flughafen zum anderen einen Festpreis auszuhandeln, wenn man gleichzeitig das Risiko eingeht, auf abgelegener Straße seiner Habe beraubt zu werden. (Intourist mit Reisebüros in den großen Städten – in Moskau unter der Telefonnummer 2 03 69 62 zu erreichen – befördert auch Alleinreisende.)

In staatlichen Taxis – nur in Notfällen zu benutzen – muß darauf geachtet werden, daß neben dem Fahrer nicht noch jemand mit unbekannter Funktion mitfährt oder zusteigt. Die großen internationalen Hotels vermitteln lizensierte Taxifahrer, die ihnen zuverlässig erscheinen und handeln für den Reisenden einen angemessenen Festpreis aus.

Dollarschein mildert Folgen eines Überfalls

Um sich vor körperlichen Angriffen zu schützen, ist es ratsam, immer einen 100-Dollar-Schein in der Tasche zu haben, mit dem man sich notfalls „auslösen" kann. In gefährlichen Situationen gilt der Grundsatz: niemals mit Gewalt reagieren, immer defensiv bleiben. Man kann nicht davon ausgehen, daß die Polizei in Schwierigkeiten geratenen Ausländern hilft.

Kidnapping-Hochburg St. Petersburg

Die Control Risks Group Ltd., London, mit deutschem Sitz in Königstein, schätzt, daß jährlich allein in Moskau fünfzig Ausländer entführt werden. (Kipnapping-Hochburg soll derzeit jedoch St. Petersburg sein.) Amerikaner, Deutsche und Finnen sind bevorzugte Opfer. Ein Amerikaner verbrachte vor kurzem zwölf Tage in Geiselhaft, bis 40 000 Dollar an seine Kidnapper übergeben wurden. Bei der Geldübergabe war die Polizei zur Stelle – ein untypischer Ausgang des Entführungsfalles.

Bodyguards erhöhen die Sicherheit

Die Sicherheitsexperten der Control Risks Group versichern, daß es Möglichkeiten gibt, die Risiken einzugrenzen. Der Aufwand dafür muß in die Kosten eingerechnet werden. Eine Komponente des Sicherheitsprogrammes sind Bodyguards privater Sicherheitsdienste. Sie existieren seit Beginn der 90er Jahre. Ihre Lizenz bekommen sie vom Ministerium für Innere Sicherheit. Dort wird das Personal und seine Qualifikation überprüft, auch die Bewaffnung der Leibwächter. Von den privaten Detekteien und Sicherheitsdiensten gilt nur ein Bruchteil als gut beleumundet.

Im Branchenverzeichnis nachzuschlagen oder einer Zeitungsanzeige zu trauen ist Leichtsinn: Die Zuverlässigen der Branche findet man auf Empfehlung zuverlässiger russischer Partner. Bodygards haben ihren Preis: 25 bis 35 Dollar pro Stunde gehören in den Bereich der Normalforderungen.

Partnerfirma gewährt Schutz

Unerfahrene Geschäftsreisende in Rußland sollten ihre Sicherheit der Partnerfirma anvertrauen, mit der man Geschäfte zu machen gedenkt. Von deren Vertrauenswürdigkeit muß man ohnehin überzeugt sein. Um das Vertrauen eines russischen Geschäftspartners zu gewinnen, braucht man allerdings Geduld. Besprechungen, die hierzulande einige Stunden einnehmen, dauern in Rußland oft Tage.

Außerdem scheint es nötig zu sein, Übereinkünfte mit viel Wodka zu begießen. Wenn man miteinander gezecht hat und sich danach noch in die Augen schauen kann, ist das Vertrauen hergestellt. Von dieser Minute ab sind Russen die zuverlässigsten Geschäftspartner, die man sich vorstellen kann. So die Schilderungen deutscher Geschäftsleute, die mit russischem Geschäftsgebaren Erfahrungen gesammelt haben.

Dienstleister organisieren Geschäftsreisen

Es gibt in der Zwischenzeit Dienstleistungsunternehmen, die für den Geschäftsreisenden vor Reisebeginn alle Formalitäten übernehmen. Sie besorgen das Visum, buchen Flüge und Hotels, stellen ein Reiseprogramm zusammen. Man bringt notfalls in Erfahrung, welche Hobbys der russische Geschäftspartner hat und besorgt ein passendes Geschenk.

Das Dienstleistungsunternehmen sorgt dafür, daß der Reisende am Flughafen abgeholt wird, direkt hinter der Paßkontrolle. Auf Wunsch wird ein Dolmetscher oder eine Dolmetscherin, zur Verfügung gestellt – auch für die gesamte Dauer der Reise. Der Transfer zum Hotel kann organisiert werden, ebenso die Weiterreise per Flugzeug oder Zug.

Solche Dienstleistungsunternehmen buchen auch Plätze in Restaurants, arrangieren große und kleine Pressekonferenzen und bringen den Geschäftsreisenden pünktlich und sicher zum Flughafen zurück.

Sightseeing in Rußland

Flußkreuzfahrten sind sicher die schönste und erholsamste Art, in Rußland zu reisen. Bei diesen Reisen erlebt man neben den Metropolen auch die vitale russische Provinz, gewinnt tiefe Einblicke in das ländliche Rußland. Viele Sehenswürdigkeiten sind überhaupt nur auf dem Wasserwege erreichbar.

Hier einige Beispiele: Sightseeing ab St. Petersburg

Über die karelischen Seen mit dem Kreuzfahrtschiff nach Moskau. Unterwegs werden Landausflüge zur Kloster-Insel Walaam (Ladogasee), zur Insel Kischi (Onegasee) angeboten und vom Schiff aus steht die Besichtigung Moskaus auf dem Programm. Man kann aber auch in umgekehrter Richtung fahren: Von Moskau über den Moskwa-Wolga-Kanal zu den Städten des „Goldenen Rings", weiter über die Wolga und den Wolga-Ostsee-Kanal und dann in die riesigen Seengebiete des russischen Nordens, durch die weite und harmonische Landschaft Kareliens bis zum Endpunkt St. Petersburg.

Wolgakreuzfahrten machen mit dem größten – 3688 Kilometer langen – Fluß des europäischen Teils der Russischen Föderation bekannt. Für Russen nicht einfach nur ein Fluß: „Matj-Reka" ist die Wolga, der „Mutterfluß", legendenumwoben und vielbesungen, eine Lebensader. Um eine Wolgakreuzfahrt zu unternehmen, kann man von Moskau aus nach Astrachan fliegen. Die Stadt liegt in der Nähe der Mündung der Wolga ins Kaspische Meer. Von dort aus geht es per Schiff über viele interessante Stationen zurück nach Moskau.

Eine andere Wolgakreuzfahrt ist ab Samara zu buchen. Es geht über die untere Wolga bis nach Astrachan, mit Besuch von Saratow (Zentrum der Wolgadeutschen) und Wolgograd (früher Stalingrad).

Die Schiffe sind modern und komfortabel. Sie verfügen in der Regel über Einbett- und Zweibettkabinen mit Dusche/WC. An Bord befinden sich Sonnendecks, Saunen, Bars, Restaurants, Lese- und Musiksalons, Souvenirgeschäfte, Friseursalons und Kinosäle. Für Unterhaltung an Bord wird gesorgt, indem etwa Russischkurse angeboten und Tanzturniere veranstaltet werden.

Adressen von deutschen Veranstaltern:

Nicko Tours GmbH, 70176 Stuttgart, Telefon 0711/627-470, Fax 0711/626-377
Olympia-Reisen, Kurt Steinhausen GmbH, Siegburger Straße 49, 53229 Bonn

Flußkreuzfahrten von Moskau nach St. Petersburg (und umgekehrt) oder von Moskau nach Rostow am Don sind aber auch bei DERTOUR in Frankfurt zu buchen: Telefon 069/9588-3553. Oder bei multitours, Kaiserstraße 64D, 60329 Frankfurt/Main, Telefon 069/250501, Fax 069/250875

Russischlernen in Rußland

Mittlerweile können Einsteiger in die russische Sprache, oder Fortgeschrittene, die ihre Kenntnisse auffrischen wollen, das Nützliche mit dem Angenehmen verbinden. In Moskau und St. Petersburg werden Sprachkurse angeboten. Einzelunterricht ist möglich, oder Unterricht in Minigruppen, den Hochschullehrer erteilen. Auf Wunsch können sich Schüler bei ihren Lehrern sogar einquartieren, um auch außerhalb des Unterrichts die fremdsprachige Betreuung zu haben. beim Essen, beim gemeinsamen Einkauf oder beim Fernsehabend. Auch die Variante „Wohnen bei sorgfältig ausgesuchten Gastfamilien" wird angeboten.

Filme und Videokassetten sind billiger

Wer Einnerungsbilder mit nach Hause bringen will, kann Filme und Videokassetten auch vor Ort erwerben. Im Land sind sie billiger. Fabriken und landwirtschaftliche Betriebe dürfen nur mit Genehmigung örtlicher Behörden fotografiert werden. Militärische Anlagen abzulichten ist verboten. In Museen und Galerien ist Zurückhaltung geboten. Mancherorts wird das Fotografieren nicht gestattet.

Touristische Informationen in Moskau

(Vorwahl von Deutschland aus 007/095):

German National Tourist Bord
c/o Lufthansa German Airlines
Hotel Olympic Penta
Olympipiski Prospekt 18/1
Telefon 9753001, Fax 9752383

ROSCOMTOURISM State
Kitaisky Prospekt 7
Telefon 9250763, Fax 9246305

Russian Federation National Bord for Sports and Tourism
Lavushensky per. 3
Telefon 2330810, Fax 2332524

National Tourist Association (NAT)
Ozerkovskaya emb. 50
Telefon 2358306, Fax 2356063

Wichtige Publikationen

Verzeichnisse, Nachschlagewerke, Marktinformationen

– Russia 1994
Political and Economic Analysis and Business Directory

Herausgeber:
Chamber World Network
Adenauerallee 148, 53113 Bonn
Telefon 0228/104/188, Fax 0228/104/179

– Marktprofile Rußland
(Studie über 77 Wirtschaftsregionen mit ihrem Industrie- und Exportpotential, gegliedert nach Branchen)

Herausgeber:
Deutscher Industrie- und Handelstag
Adenauerallee 148, 53113 Bonn
Telefon 0228/104/663, Fax 0228/104-179

– Direktinvestitionen in Rußland
Praktischer Leitfaden für deutsche Unternehmer

Herausgeber:
Kooperationsbüro der Deutschen Wirtschaft
Uhlandstraße 28, 10719 Berlin
Telefon 030/8826-596, Fax 030/8825-193

Leitfaden für Geschäftsleute

Es gibt Aspekte der deutsch-russischen Beziehungen, die durch die jahrzehntelange Konfrontation unterschiedlicher Gesellschaftssysteme im Bewußtsein vieler verschüttet wurden. Zwei mörderischen Weltkriegen steht ein Jahrhundert friedlicher Gemeinsamkeit gegenüber, in denen nicht nur Handelswaren und Kulturgüter ausgetauscht wurden, sondern auch Verständnis und Sympathie. Wird es gelingen, an diesen Teil der Geschichte anzuknüpfen, nachdem die Russen dem Kommunismus eine Absage erteilt haben und der Reformkurs in ein relativ stabiles Fahrwasser geraten ist?

Auf dem Hintergrund dieser Geschichte ist an der Universität Koblenz-Landau ein Ost-West-Institut gegründet worden. Die Initiative geht von einem Freundeskreis der Universität aus, hinter dem im Ostgeschäft tätige Unternehmen und Banken stehen.

Das neue Koblenzer Institut will die Forschung und die technischen Leistungen der Universität, ihre Informationsnetze mit den Herausforderungen und Erfahrungen der Wirtschaft verbinden. Auf dem Programm steht ein umfangreiches Angebot von Marktanalysen bis zum Aufbau von Datenbanken und Kommunikationstechnologien, Sprachlehr- und Lernsystemen, Beratung in rechtlichen und kulturellen Fragen, Austausch- und Besuchsprogrammen.

Doch schon heute stehen die Ampeln im Ost-West-Geschäft auf Grün. Derzeit liefern mehr deutsche als US-Firmen Waren nach Rußland. Bis zum Jahr 2000 dürfte sich der Austausch mindestens verdoppeln. Die Direktinvestitionen im Osten beschleunigen sich. Deutschland, am Rand der Aufsteigerregion, befindet sich in privilegierter Ausgangslage.

Dazu kommt: Die Russische Föderation macht Fortschritte in Richtung Stabilisierung. Fast alle Regionen haben ihre Haushalte im Griff. Eine Schwachstelle bleibt die Inflation. In der nächsten Phase, so steht zu erwarten, wird Rußland den Tiefpunkt durchschreiten.

Schon heute ist der Zustand der russischen Wirtschaft besser, als man das nach außen hin sieht. Die Schattenwirtschaft, die sich der Kontrolle entzieht, ist wohl schon fast so bedeutend wie die statistisch erfaßte Produktion. Diese Auffassung wird auch von einer US-Studie bekräftigt. Danach liegt der Anteil der Schattenwirtschaft in Rußland bei 40 bis 50 Prozent der Produktion, gegenüber 20 bis 25 Prozent in Mittelosteuropa und etwa fünf bis zehn Prozent im Westen. Die neuen privaten Firmen wachsen um 15 bis 150 Prozent im Jahr. Etwa 90 Prozent von Produktion, Absatz und Gewinn werden nicht gemeldet. Rußlands Wirtschaft wächst daher tatsächlich schon wieder seit 1994 und ist nach Expertenmeinung heute größer als die amtlichen Zahlen das belegen.

Die allgemeine wirtschaftliche Situation im Lande hängt wesentlich von der politischen Stabilität ab: Unter den demokratischen Spielregeln des heutigen Rußland braucht der Präsident auf die Mehrheitsverhältnisse in der Duma keine übermäßige Rücksicht zu nehmen. Zur Not kann er das Parlament auflösen. Ein auf fünf Jahre wiedergewählter Präsident scheint Garant für mittelfristige Stabilität. Doch die politische Stimmung im Lande wird dann zu einem Machtfaktor, wenn der nach der Verfassung so mächtige Präsident aus dem einen oder anderen Grunde seine Aufgabe nicht mehr wahrnehmen kann.

Grunderwerb ist nicht ohne Risiko

Für den potentiellen ausländischen Investor gilt: Es bleibt noch eine Weile kompliziert und risikoreich, den russischen Markt zu betreten. Die Risiken liegen in lückenhafter Gesetzgebung und bei einem weiterhin mangelhaften Schutz der Investitionen. Was den Erwerb von Grund und Boden angeht, so ist er auch Ausländern möglich. Allerdings ist ein solcher Grunderwerb sehr selten und nicht ohne Risiko.

Normalerweise ist in Rußland das Eigentum an Gebäuden eine Sache, das am Grundstück eine andere. Eigentümer von Grund und Boden ist meist die öffentliche Hand, das heißt die Gemeinde oder der Staat – vertreten durch ein sogenanntes Bodenkomitee. Unternehmen und Personen können Eigentum an Gebäuden erwerben. Ausländern legt man in dieser Beziehung normalerweise keine Steine in den Weg.

Der Begriff „Erbbaurecht" ist in Rußland unbekannt. Allerdings hat der Gebäudeeigentümer einen Anspruch auf Abschluß eines langfristigen Pachtvertrages, mit dem er seinen Anspruch auf Grund und Boden sichert. Meist geht man von einem Zeitraum von 49 Jahren aus, mit der Möglichkeit, den Pachtvertrag zu verlängern. Die Pachtzinsen werden durch Verordnung festgelegt. In den Städten gibt es verschiedene Bewertungszonen, so daß der Zins für städtische oder staatliche Grundstücke unterschiedlich ausfällt.

In den Privatisierungsplänen eines Staatsbetriebes kann jedoch festgelegt werden, daß das Eigentum an Grund und Boden an das Unternehmen übergehen kann. Wird das Unternehmen privatisiert, befindet es sich auch im Besitz des Grundeigentums. In solchen Fällen können die Betriebe Grundstücke weiterveräußern – auch an Ausländer.

Die Bodenkomitees sind in solchen Fällen bereit, die Geschäfte zu beglaubigen und Eigentumsurkunden auszustellen – auch an Ausländer. Eine gesetzliche Grundlage für solche Geschäfte gibt es aber noch nicht, weshalb sie riskant bleiben. Ein Bodengesetz könnte in Zukunft den Erwerb von Grundeigentum durch Ausländer einschränken.

Der „ganz normale Gebäudeerwerb" – also der, bei dem ein langfristiger Pacht-vertrag für das Grundstück abgeschlossen wird – ist schon nicht ohne Risiko. Deutsche Anwälte, die in Rußland Niederlassungen haben und sich mit den komplizierten russischen Rechtsverhältnissen beschäftigen, haben es schon er-lebt, daß sich nach langwierigen Verhandlungen herausstellte, daß der russische Verhandlungspartner kein Eigentum an dem Gebäude besaß, das er verkaufen wollte. Ratsam ist es, sich an das jeweils zuständige Bodenkomitee zu wenden, um die Eigentumsverhältnisse zu klären.

Förderung von Auslandsinvestitionen

Weit verbreitet ist die Einsicht, daß entscheidende Impulse für die Wirtschaft ohne ausländisches Kapital nicht möglich sind. Die russische Regierung hat zur Förderung von Auslandsinvestitionen eine staatliche Organisation (ZFAR) ins Leben gerufen, die potentiellen ausländischen Investoren beratend zur Seite steht. Sie ist zentrale Anlaufstelle, vermittelt die Kontakte zu russischen Ge-schäftspartnern und sammelt alle Informationen in Bezug auf ausländische Inve-stitionen, um sie an Interessierte weiterzugeben.

Das Zentrum zur Förderung von Auslandsinvestitionen in der Russischen Föde-ration (ZFAR), das eine Außenstelle in Frankfurt besitzt, arbeitet eng mit dem Russischen Fonds für Föderatives Vermögen (RFFI) zusammen und seiner Re-präsentanz innerhalb der Europäischen Union, der Gesellschaft für Investitions-beratung in Rußland mbH (RFI), mit Sitz in Wiesbaden.

Repräsentanz oder Unternehmensgründung?

Das Moskauer Büro des ZFAR rät dem ausländischen Investor dazu – sollen se-riöse und langfristige Geschäftsverbindungen aufgebaut werden – nicht nur eine Repräsentanz einzurichten, sondern ein Unternehmen zu gründen. Das kann man allein gründen oder gemeinsam mit einem russischen Partner. Ausländern wer-den dabei keine Beschränkungen auferlegt, was die Rechtsformen angeht, die das russische Recht kennt: ähnlich einer deutschen OHG oder einer GbR gibt es Rechtsgebilde mit unbeschränkter Haftung. Es gibt aber auch die Kapitalgesell-schaften mit beschränkter Haftung, einer deutschen GmbH oder AG vergleich-bar.

Die Registrierung steht am Anfang, sie ist Voraussetzung für die Aufnahme einer Wirtschaftstätigkeit. In der Regel werden der Staatlichen Registrierungs-kammer (SRK) die entsprechenden Unterlagen eingereicht; sie ist immer dann für die Registrierung zuständig, wenn das ins Unternehmen eingebrachte Aus-landskapital ein bestimmte Summe übersteigt. In St. Petersburg und in Moskau gibt es jeweils regionale Registrierungsbehörden. Sie sind Abteilungen der je-weiligen Stadtverwaltung. Dort können etwa Unternehmen registriert werden, deren Auslandskapitalanteil den Betrag von hundert Millionen Rubel nicht übersteigt.

Die Registrierungs-Prozedur gleicht einem Hürdenlauf. Hilfreich ist es, den russischen Partner oder eine Fachorganisation, die über ausreichend Erfahrung verfügt, damit zu betrauen. Nur registrierte Unternehmen können Rechtsfähigkeit erlangen. Die Behörde stellt ein zeitlich befristetes Registrierungszerfikat aus, sofern sie die Unterlagen bekommt, die sie verlangt. Wird nur eine Vertretung errichtet, so gelten andere devisenrechtliche Vorschriften, nämlich die für „Nichtresidenten". Registrierte Unternehmen genießen – ohne Rücksicht auf den ausländischen Kapitalanteil – die Vorteile von „Residenten".

Besondere Lizenzen brauchen Unternehmen, die in der Gesundheitsvorsorge und der Sicherheitsbranche tätig sind, ebenso für Investmenttätigkeiten auf dem Kapitalmarkt. Dem Firmennamen gilt besondere Aufmerksamkeit, wenn er als Bestandteil die Worte „Rußland" oder „russisch" enthalten soll. Dies bedarf einer speziellen Genehmigung.

Das registrierte Unternehmen muß bei der Steuerbehörde und dem Statistischen Amt angemeldet werden, es benötigt ein Firmensiegel und ein Bankkonto. Sind diese Dinge erledigt, wird ein unbefristetes Registrierungszertifikat ausgestellt. Die Registrierung sollte innerhalb von 21 Tagen erfolgt sein, dauert in der Regel doch oft eineinhalb Monate oder länger.

Um eine Repräsentanz einzurichten, braucht man außer den Urkunden und beglaubigten Übersetzungen, die auch bei Registrierung eines Unternehmens verlangt werden, zusätzlich mindestens zwei Empfehlungsschreiben von russischen Geschäftspartnern.

Vorsicht bei Registrierung im „Schnellverfahren"

Mittlerweile bieten russische Vermittlerfirmen Hilfe bei der Registrierung an. Sie stellen oft „Schnellverfahren" in Aussicht. Hier ist Vorsicht geboten. Vor allem dann, wenn die Vermittler den Rat erteilen, eine russische Firma zu erwerben, die nur „umgeschrieben" werden muß. Das zieht nach russischem Recht ein Verfahren nach sich, das genauso lange dauern kann, wie eine Registrierung.

Man kann auch leicht Opfer eines Betrugs werden, wenn man auf diese Weise eine überschuldete Firma erwirbt oder falsche Urkunden ausgehändigt bekommt. Danach sieht man oft weder den Vermittler noch das eigene Geld wieder. Die gut beleumundeten Vermittlungsdienste, die den Weg bis zur Registrierung eines Unternehmens ebnen, lassen sich ihre Dienstleistungen reichlich bezahlen. Sie verlangen in der Regel ein Vielfaches der staatlichen Gebühr.

Anteil am Gründungskapital in harter Währung

Ausländische Investoren zahlen ihren Anteil am Gründungskapital in harter Währung ein, während ihre russischen Partner ihre Anteile etwa in Form von Grundstücken einbringen. Oft werden Patente und Lizenzen als „intellektuelles Kapital" angepriesen. Hier gilt es, wachsam zu sein um keinem Schwindel aufzusitzen. Nach den geltenden Bestimmungen muß die Hälfte des Gründungskapitals bei Unterschrift unter die Gründungsurkunde und die andere Hälfte innerhalb eines Jahres nach Registrierung eingezahlt werden. Von wem das Geld kommt, ist den Banken gleichgültig.

Leistet der russische Partner seinen Beitrag nicht und springt der ausländische Investor für ihn ein, muß er wenigstens sicher sein, daß die Werte, die der Partner als Sicherheiten vorweist, tatsächlich existieren.

Es empfiehlt sich, im voraus den Ablauf der Gründungsphase festzulegen und zu klären, von wem in welcher Höhe das Gründungskapital eingezahlt wird. Der ausländische Investor sollte seine Kontakte zu russischen Behörden auf ein Minimum reduzieren und seinen russischen Partner in die Pflicht nehmen. Ist der nicht erfahren genug, sollte man die Hilfe von in Rußland zugelassenen Anwalts- und Wirtschaftsprüfer-Kanzleien in Anspruch nehmen.

Valuta-Transfer über Zollgrenzen hinweg

Wie bewältig man den Valuta-Transfer über die Zollgrenzen der Russischen Föderation hinweg, etwa um den eigenen Anteil am Stammkapital leisten zu können? Vor der Registrierung des Unternehmens als Inlandseinrichtung, ist der Auslandsanteil am Stammkapital auf ein bei jeder Bank zu eröffnendes Konto zu überweisen. Das Einbringen der Valutamittel ins Stammkapital ist eine Valuta-Operation mit Kapitalbewegung. Dazu braucht es die Genehmigung der Zentralbank der Russischen Föderation. (Die Hauptverwaltung der Zentralbank der Russischen Föderation ist in Moskau unter der Telefonnummer 9287479 zu erreichen, die Kontrollabteilung für Valuta-Operationen hat die Telefonnummer 9219961.)

Gebiet um Moskau

Wie ein Kragen legt sich ein Städtekranz um Moskau: Allein 15 Kommunen zählen mehr als 100 000 Einwohner und verzeichnen kontinuierliches Bevölkerungswachstum. In Podmoskowje – wie die Region rund um Moskau heißt – wohnen 6,7 Millionen Menschen auf 46 000 Quadratkilometern, eine Fläche, auf der man bequem die Schweiz unterbringen könnte. Insgesamt entfallen auf das Moskauer Gebiet rund 4,5 Prozent der Bevölkerung des Landes. d. h. jeder 22. Einwohner der Russischen Föderation hat hier seinen Wohnsitz.

Das Moskauer Gebiet überholt in seiner Wirtschaftsentwicklung gegenwärtig alle Regionen der Russischen Föderation. Etwa 4,6 Prozent des russischen Bruttosozialprodukts wird hier erwirtschaftet, beim Nationaleinkommen liegt Podmoskowje an zweiter Stelle hinter Moskau. Die Industrieproduktion dominiert, der Anteil der Landwirtschaft liegt bei 13 bis 14 Prozent.

Eine der bedeutendsten Wirtschaftsregionen der Russischen Föderation, das Gebiet Moskau, stand bisher unberechtigt im Schatten der beiden großen industriellen russischen Ballungsgebiete: der Hauptstadt Moskau und der nordrussischen Metropole St. Petersburg, sowie des durch seine riesigen Öl- und Gasvorkommen bekannten und von vielen ausländischen Firmen bereits entdeckten Gebietes Tjumen. Marktkenner schätzen ein, daß das vorhandene ökonomische Gesamtpotential des Verwaltungsgebietes durchaus mit dem von Dänemark, Österreich oder der Schweiz vergleichbar sei – nur müsse es aktiviert und für die grenzüberschreitende Kooperation und den Außenhandel weit mehr als bisher nutzbar gemacht werden.

Unternehmerfreundliche Gebietsverwaltung

Die Gebietsverwaltung, die als reformwillig und unternehmerfreundlich gilt, hat Kontakt zu den IHK von Berlin und Düsseldorf, dem Land Brandenburg und dem Unternehmerverband des Freistaates Sachsen aufgenommen. Das Klima ist offen für Kooperation und es herrscht die Bereitschaft vor, bei vielen Projekten zum gegenseitigen Vorteil zusammenzuarbeiten. Man setzt bei Entwicklungsbemühungen auf Auslandskapital. Dabei sind den Werbern um die Gunst ausländischer Investoren die relativ hohen steuerlichen Belastungen der Firmen im Weg, mangelnde Rechtssicherheit und ein wenig effizienter bürokratischer Apparat.

Industriell stark entwickeltes Gebiet

Die Moskauer Oblast ist an der Industrieproduktion Rußlands insgesamt mit knapp fünf Prozent beteiligt. Sie gehört damit zu den industriell am stärksten entwickelten Landesteilen. Große Industriezentren wie Podolsk, Ljuberzy, Kolomna, Odinzowo, Sergijew-Posad oder Noginsk prägen das Bild. Zur Industrie gesellt sich die Wissenschaft: Sogenannte Wissenschaftsstädte haben Forschungszentren von nationaler Bedeutung angezogen. Allein in der 40 Kilometer nordwestlich von Moskau gelegenen Trabantenstadt Selenograd (150 000 Einwohner) sind fast 20 000 Mitarbeiter in Wissenschaft, Forschung und Entwicklung beschäftigt. Das Zentrum der russischen Raumfahrt ist im Moskauer Umland zu finden. In Kaliningrad (das nicht mit dem ehemals deutschen Königsberg verwechselt werden darf, das heute ebenfalls Kaliningrad heißt), ist Luftfahrttechnologie zu Hause. Hier ist das ganze Spektrum vom Flugzeugbau über Entwicklung flugtechnischer Geräte bis hin zu Kontrollsystemen zu finden. Dubna ist der Mittelpunkt russischer Kernforschung.

In den Wissenschaftsstädten wie Protwino, Dmitrow, Chimki, Reutow oder Krasnoarmeisk leben und arbeiten tatsächlich vor allem Gelehrte. Neben etwa 400 wissenschaftlich-technischen Versuchs- und Konstruktionseinrichtungen sind im Moskauer Umland 155 größere Experimentalbetriebe tätig. Hier hat jede fünfte wissenschaftliche Institution Rußlands ihren Sitz. Allein die Akademie der Wissenschaften Rußlands ist rund um Moskau mit 40 Instituten und Filialen vertreten. Die führenden russischen Forschungsinstitute in den Bereichen Kern- und Festkörperphysik oder Biologie finden sich in Podmoskowje. Einen besonderen Platz nehmen Entwicklung und Produktion von Militärtechnik und Waffen ein. Die Betriebe dieses Sektors bleiben aus Gründen der nationalen Sicherheit in staatlicher Hand.

Standortvorteile im Überblick

Die Region kann im Vergleich zu vielen anderen Gebietskörperschaften der Russischen Föderation auf eine ganze Reihe von Standortvorteilen verweisen, die ausländischen Firmen die Entscheidung für ein Engagement im Gebiet Moskau erleichtern könnten.

Zu diesen Pluspunkten zählen vor allem:

- die günstige Lage unmittelbar im Zentrum der Russischen Föderation
- ein großes Marktpotential (unter Einschluß der Hauptstadt leben hier fast 16 Mio. Menschen)
- eine vergleichsweise gut entwickelte und diversifizierte Industriestruktur
- ein sehr stark ausgebautes und leistungsfähiges Netz an wisssenschaftlichen Forschungseinrichtungen
- ein dicht ausgebautes Verkehrsnetz (zehn Flughäfen, davon vier internationale, ein 2 741 km langes und sternförmig angeordnetes Schienennetz sowie mehr als 250 000 km Straßen, darunter 15 Fernverkehrsstraßen)
- ein vergleichsweise gut entwickeltes Fernsprechnetz

– eine relativ gut ausgebaute Banken- und Börseninfrastruktur (derzeit sind im Gebiet circa 35 Geschäftsbanken tätig)
– im Vergleich mit der Hauptstadt günstigere steuerliche Regelungen (der Satz der regionalen Körperschaftssteuer liegt in der Region Moskau bei 19 Prozent, in der Hauptstadt Moskau jedoch bei 22 Prozent, dem höchstmöglichen Steuersatz)
– eine als reformwillig und unternehmerfreundlich geltende und am Ausbau der internationalen Zusammenarbeit interessierte Gebietsverwaltung.

Entwicklungsprogramm setzt auf Auslandskapital

Die Gebietsverwaltung hat ein umfangreiches Programm zur Entwicklung des industriellen und wissenschaftlich-technischen Komplexes des Moskauer Gebietes verabschiedet, das die Basis für die angestrebte Stabilisierung der Wirtschaft in den nächsten Jahren bilden soll. Für die wirtschaftliche Umstrukturierung will man in wesentlich stärkerem Maße als bisher Auslandskapital gewinnen.

Mit Hilfe ausländischer Investoren sollen beispielsweise die Modernisierung und Erweiterung der Produktionskapazitäten solcher Betriebe wie des Unternehmens für Maschinenbau in Demichow, des Automobilwerkes in Serpuchow, des Autobuswerkes in Likino-Dulewo (Produktion von Bussen für den Stadt- und Fernverkehr), des Werkes für Lederverarbeitung in Serpuchow und der Ljuberzyer Teppiche AG in Angriff genommen werden.

Bereits 1994 sind mehr als 30 ausländische Firmen, darunter auch einige aus Deutschland, im Rahmen des regionalen Privatisierungsprogramms für den Verkauf staatlicher Aktien zu Mitinhabern von Unternehmen des Gebietes geworden.

Gebiet Moskau in Zahlen

Lage: im Zentrum des Europäischen Teils der Russischen Föderation

Fläche: 46 000 qkm Bevölkerung: 6.7 Mio. Einw., darunter Stadtbevölkerung 5.3 Mio. (79.1%)
Landbevölkerung 1.4 Mio. (20.9%)

Administrative Gliederung:

Anzahl der Kreise: 40; Anzahl der Städte: 73; davon selbstverwaltet: 34
Anzahl der Siedlungen städtischen Typs: 109

Kreise (geordnet nach ihrer Lage zur Hauptstadt)

Zentrum: Krasnogorskij, Chimkinskij, Mytischtschinskij, Puschkinskij, Schtschjelkowskij, Balaschichinskij, Ljuberezkij, Leninskij, Odinzowskij.

Westen: Lotoschinskij, Schachowskij, Wolokolamskij. Moshajskij, Russkij, Naro-Fominskij.

Norden: Taldomskij, Sagorskij, Dmitrowskij, Solnetschnogorskij, Klinskij, Istrinskij.

Osten: Schaturskij, Orechowo-Sujewskij, Jegorjewskij, Woskresenskij, Pawlowo-Posadskij, Ramenskij, Noginskij.

Süden: Serebrjano-Prudskij, Sarajskij, Luchowizkij, Kaschirskij, Oserskij, Kolomenskij, Stupinskij, Serpuchowskij, Tschechowskij, Domodjedowskij, Podolskij.

Die größten Städte und Entwicklung der Einwohnerzahlen (1 000 Einw.)

	1979	1989	1991	1993
Podolsk	202	209	209	206
Ljuberzy	154	165	165	164
Kolomna	147	162	164	163
Mytischtschi	141	154	154	153
Elektrostal	139	152	153	152
Serpuchow	140	141	141	140
Balaschicha	118	136	138	137
Kaliningrad	113	134	136	136
Chimki	118	133	136	135
Orechowo-Sujewo	132	137	137	135
Odinzowo	101	125	128	130
Noginsk	119	123	123	121
Sergijew Posad	107	115	116	115
Schtschjelkowo	100	109	110	109

Wirtschaft

Anteil am Bruttoinlandsprodukt Rußlands (1993): 4,6 %

Rohstoffe

Beträchtliche Vorkommen an Torf (v. a. im Osten des Gebietes) sowie Phosphaten (ca. 18 % der russischen Vorräte), außerdem Dolomit, Kalk- und Verblendstein, Quarzsande, Kies und Zementrohstoffe

Bedeutende Industriestandorte (Auswahl)

Podolsk: Maschinenbau/Elektrotechnik (Ausrüstungen für Wärme- und Kernkraftwerke sowie die Petrochemie) Nähmaschinen, Kontrolltechnik, Hüttenwesen, Textil- und Baustoffindustrie

Kolomna: Maschinenbau (Diesellokomotiven, Werkzeugmaschinen, Hydraulik-pressen, Textilmaschinen), chemische Industrie

Serpuchow: Metall- und Holzverarbeitung, Textil- und Lederindustrie, Maschinenbau/Elektrotechnik (u. a. Motoren)

Sergijew Posad: chemische, elektrotrechnische und optomechanische Industrie

Noginsk: Textilindustrie, Maschinenbau (u.a. Pumpen), chemische und Nahrungsmittelindustrie

Elektrostal: Eisenhüttenwesen, Maschinenbau (Kessel, Walzwerksausrüstungen, Chemieanlagen), chemische Industrie

Mytischtschi: Textil- und Chemiefaserindustrie, Maschinenbau

Schtschjelkowo: chemische Industrie (Chemikalien für den Agrarsektor), Maschinenbau und Metallbearbeitung

Dubna: Maschinenbau, Elektrotechnik und Elektronik (Luft-, Raumfahrt-, Schiffs- und Nukleartechnik)

Ljuberzy: Maschinenbau/Elektrotechnik (Hubschrauber, Land- und Umwelttechnik)

Chimki: Maschinenbau/Elektrotechnik (Energie- und Raumfahrttechnik, Pumpen, Textil- und Holzbearbeitungsmaschinen), Textilindustrie

Landwirtschaft

Rund 80% des Gebietes werden forst- oder landwirtschaftlich genutzt

Hauptanbaukulturen: Getreide, Kartoffeln und Gemüse
Hauptsektoren der Tierproduktion: Rinder-, Geflügel- und Pelztierzucht

Vielfältige Industriestruktur im Gebiet Moskau

Die Region Moskau ist an der Industrieproduktion Rußlands insgesamt mit knapp 5% beteiligt. Sie gehört damit zu den industriell am stärksten entwickelten Landesteilen. Es überwiegen die Bereiche Maschinenbau, Elektrotechnik/ Elektronik und Metallverarbeitung. Auf diese Branchen entfallen insgesamt annähernd 30% der Industrieproduktion des Gebietes.

Maschinenbau ist führender Zweig

Im Maschinenbau überwiegen die Produktion von Ausrüstungen für die Energiewirtschaft (energetische Anlagen: Rohrleitungsarmaturen), von Werkzeug-

maschinen und Chemieanlagen sowie der Automobil-, Waggon- und Diesellok-
bau (v. a. Vorort- und U-Bahnzüge). Überregionale Bedeutung hat die Herstellung von Industrie- und Haushaltsnähmaschinen. Insgesamt gibt es in der Region 112 große Maschinenbaubetriebe.

Einen besonderen Platz in der lokalen Industrie nehmen die Entwicklung und
Produktion von Militärtechnik und Waffen ein. Darunter v. a. von Raketen- und
Raumfahrttechnik. Hinsichtlich des Potentials in diesen Sektoren könne nach
Auffassung von Vertretern der Gebietsverwaltung nur Südkalifornien mit dem
Gebiet Moskau konkurrieren.

Produktion ausgewählter Industriegüter im Gebiet Moskau (1994):

	ME	Menge	Veränd. ggü. Vorj. in %
Elektroenergie	Mrd. kWh	21,9	– 3
Metrowagen	St.	144.0	– 10
Aufzüge	St.	480.0	– 74
Industrienähmasch.	1.000 St.	19.1	– 54
Universalküchenmasch.	1.000 St.	302.0	4
Haushaltsnähmasch.	1.000 St.	334,0	– 75
Zement	1.000 t	2636,0	– 20
Eisenbeton	1.000 cbm	841,0	– 25
Schiefer	Mio. Platten	54,2	– 72
Keramikfliesen	1.000 qm	757,0	– 47
Sanitärkeramik	1.000 St.	666,0	– 32
Mineraldünger	1.000 t	389.0	– 25
Baumwollstoffe	Mio. qm	201.0	– 46
Seidenstoffe	Mio. qm	28.6	– 53
Fleisch (1. Sorte)	1.000 t	73.6	– 21
Vollmilch	1.000 t	296,0	– 16

Quelle: Goskomstat, Moskau

Ebenso stark ist die Luftfahrtindustrie in ihrem ganzen Spektrum vom Flugzeugbau über flugtechnische Geräte bis hin zu Kontrollsystemen entwickelt. In den
Branchen Elektrotechnik/Elektronik ragen folgende Erzeugnisse hervor: Hoch-
spannungs- und Hochleistungstransistoren, Schaltkreise, Bauelemente, Lithium-
stromquellen, Triebwerke, Elektromotoren, Laser- und Rechentechnik.

Die Region verfügt auch über große Produktionskapazitäten im Bereich der opti-
schen Industrie, deren Erzeugnisse v. a. in der Flug- und Raumfahrttechnik ein-
gesetzt werden.

Einen Schwerpunkt der Industriestruktur bilden auch die Kapazitäten in der Leichtindustrie (ca. 200 Großbetriebe), darunter v. a. in der Textilindustrie sowie in der Holzverarbeitung. Auf die beiden Branchen entfiel 1994 rd. ein Viertel der Industrieproduktion des Gebietes.

Textilindustrie mit langer Tradition

Die Textilbetriebe, die von jeher das Industriepotential der Region mitgeprägt haben, produzieren u. a. Baumwoll- und Wollstoffe, Trikotagen, Miederwaren, Teppiche und Bekleidung, darunter auch Thermo- und Feuerschutzbekleidung. Auf das Gebiet Moskau entfiel 1993 rd. ein Sechstel aller in Rußland hergestellten Stoffe.

Dank der stark entwickelten Textilindustrie nimmt das Gebiet Moskau hinsichtlich des Umfangs der Konsumgüterproduktion Rußlands (ohne Nahrungsmittel) unter allen russischen Regionen nach dem Gebiet Samara und der Hauptstadt Moskau den dritten Platz ein. Der Anteil der Region an der russischen Gesamtproduktion dieser Warengruppe betrug 1992 (letzte verfügbare Daten) 6,5 %. Erst mit Abstand folgen die Stadt St. Petersburg (4,8 %) sowie die Gebiete Swerdlowsk (3,0 %) und Iwanow (2,9 %), die ebenfalls als wichtige Konsumgüterproduzenten in der Russischen Föderation bekannt sind.

Über beachtliche Kapazitäten verfügt im weiteren die chemische Industrie, die gegenwärtig mit etwas weniger als 10 % an der Industrieproduktion des Gebietes beteiligt ist. Dabei sind die Düngemittelproduktion, die zu einem wesentlichen Teil auf den großen Torfvorräten basiert, die Spezialchemie sowie die Chemiefaserindustrie besonders zu erwähnen.

Der Baustoffsektor stützt sich in erster Linie auf lokale Rohstoffe. Es überwiegt die Produktion von Zement, Kalk und Eisenbetonerzeugnissen. Nennenswert ist auch das Produktionsprogramm in der Sparte Elektroisoliermaterialien.

Aufgrund der bisher favorisierten Großplattenbauweise und der damit nur wenig entwickelten Produktion von Backstein, Ziegeln u. a. Baustoffprodukten für den Eigenheimbau kann die Nachfrage nach diesen Produkten nicht gedeckt werden.

Agrarindustrie schwach entwickelt

Die Verarbeitung landwirtschaftlicher Produkte ist im Vergleich mit den anderen aufgeführten Industriebereichen noch wenig ausgebaut. Besonders groß ist der Nachholbedarf in der Produktion von Fleisch- und Wurstwaren sowie in der Milchverarbeitung. Es fehlen trotz des in den vergangene Jahren beträchtlich gesunkenen Aufkommens an agrarischen Produkten generell Kapazitäten zur Butter- und Fetterzeugung.

Schwierige Umstrukturierungsphase

Die Moskauer Oblast befindet sich wie die gesamte Russische Föderation in einer schwierigen Umstrukturierungsphase. Ihre Industrieproduktion sank unter den veränderten Marktbedingungen. Nur etwa zehn Prozent der Betriebe haben es verstanden, ihren Level zu halten, meist durch Exportaufträge. Man hat versucht, die Arbeitsplätze zu sichern.

Im Moskauer Umland finden sich heute zuverlässige Partner, die die internationale Zusammenarbeit mit dem westlichen Ausland schätzen gelernt haben. Gab es 1992 rund 1.500 Firmen, die sich mit Ex- oder Importen beschäftigten, so hat sich die Zahl bis 1994 auf fast 4 500 erhöht. Zur Jahresmitte 1995 waren bereits mehr als 9 000 Firmen am Außenhandelsgeschäft der Moskauer Oblast beteiligt.

Anteil des Auslandskapitals wächst

Die Zahl der ausländischen Engagements steigt: Ende 1993 waren 120 Joint-ventures registriert, inzwischen hat sich die Zahl verdoppelt. Das investierte Auslandskapital betrug 1994 mehr als 650 Milliarden Rubel und erreichte damit fast das Volumen der einheimischen Kapitalanlagen. Experten schätzen, daß sich mittelfristig gute Perspektiven für ausländische Firmen bei der Verarbeitung landwirtschaftlicher Erzeugnisse, der Produktion von Baustoffen, der Bauwirtschaft sowie im Spezialmaschinenbau und in der Elektrotechnik eröffnen.

Stabile Verhältnisse sind noch nicht in Sicht: Insgesamt hat sich die Produktion 1994 im Vergleich zu 1991 um mehr als die Hälfte verringert. Die Investitionen sind zum Teil dramatisch gesunken, ein überalterter Kapitalstock ist kaum noch in der Lage, Erzeugnisse nach russischem Standard zu produzieren.

Die offizielle Statistik überzeichnet die Wirtschaftskrise allerdings. Der immer stärker werdende Privatsektor findet oft keine oder eine nur sehr geringe Berücksichtigung. Auch der Schwarzmarkt wird in der Statistik nicht erfaßt. Den Anteil dieser beiden Sektoren am Bruttoinlandsprodukt schätzen Insider auf mindestens 25 bis 30 Prozent. Das russische Arbeitsministerium vermutet sogar, daß die Schattenwirtschaft bereits einen Anteil von 40 Prozent am tatsächlichen Bruttoinlandsprodukt hat.

Handels- und Industriekammer als Vermittler

Eine wichtige zentrale Anlaufstelle für ausländische Firmen, die sich in der Oblast engagieren wollen, ist die Moskauer Handels- und Industriekammer (HIK Moskau), die ein breites Dienstleistungsspektrum anbietet. Man stellt Kontakte zu potentiellen Partnern in Produktion, Handel oder im Dienstleistungsbereich her, ist bei der Klärung juristischer und steuerlicher Fragen behilflich.

Adressen:

Handels- und Industriekammer der Stadt und des Gebietes Moskau
ul. Akademika Piljugina 22, 117393 Moskau
Telefon (mit Vorwahlnummer der Russischen Föderation,
von Deutschland aus) 007/095/1940083, Fax 007/095/12966940

Abteilung für Internationale Zusammenarbeit
Telefon 1321311

Abteilung für Organisation
Telefon 1327396 und 1327418

Abteilung für Vertrags- und Rechtsfragen
Telefon 1327417

Abteilung für die Entwicklung des Kleinunternehmertums
Telefon 1320733

Abteilung für Ausstellungsbeteiligung
Telefon 1327508, 1320211

Ungewöhnlich schöne Landschaften

Die Moskauer Oblast ist von ungewöhnlicher landschaftlicher Schönheit: ihre
Urbanisierung konnte Podmoskowje und seiner südlichen Hälfte Serebrjano-
Prudskowo ("Silberteich-Bezirk") nicht viel anhaben. Man trifft auf ausgedehn-
te Waldzonen, das Umland ist reich an Wasser. Von Flüßchen durchzogen be-
sitzt es viele Seen, sowie die Flüsse Moskwa und Oka. Felder und Wiesen,
Schluchten und Hochmoore, Eichen- und Nadelwälder wechseln einander ab.

In nur zwei bis drei Stunden Fahrt gelangt man von Moskau aus in eine un-
berührt erscheinende Natur, in der Fischen und Jagen angesagt ist. In der Oblast
gib es 44 Jagdreviere mit einer Gesamtfläche von 3,1 Millionen Hektar.

Weil das Klima günstig ist – die schneereichen Winter sind mit durchschnittlich
minus zehn Grad nicht sehr kalt, auf den Sommer ist beinahe Jahr für Jahr Ver-
laß – ist das Moskauer Umland auch Feriengebiet. Millionen Moskowiter und
Erholungsuchende aus der gesamten russischen Föderation verbringen hier ihre
Ferien in Datschen und Erholungsheimen. Um die Natur zu bewahren, sind fünf
Prozent des Gebietsterritoriums geschützt, ein für Rußland relativ hoher Prozentsatz.

Sightseeing und Besichtigungen

Besuch des alten Rußland: Der „Goldene Ring"

In der sanften Hügellandschaft nordöstlich der Hauptstadt ist das alte „heilige" Rußland mit seinen zahlreichen Kirchen und Klöstern lebendig geblieben. Hier und da ragen Zwiebelkuppeln in den blauen Himmel, die goldenen Doppelkreuze blinken im zarten Licht der Morgensonne. Im See spiegelt sich die wuchtige Stadtmauer aus dem Mittelalter. Der „Goldene Ring", ein Ring altrussischer Städte, der sich von Sergiew Possad, das in sowjetischer Zeit Sagorsk hieß, über Rostow Welikij und die Wolgastädte Jaroslawl und Kostroma bis nach Wladimir und Susdal zieht, hat Geschichte.

Hier wurden die byzantinisch geprägten architektonischen Vorbilder der Kiewer Rus (ursprüngliche Bezeichnung für die Oberschicht des Reiches von Nowgorod und Kiew, später auf das Reich und die gesamte ostslawische Bevölkerung übertragen und davon abgeleitet „Rußland", „Russen") aufgenommen, verändert, verfeinert, umgestaltet. Es entstand der für die altrussische Architektur charakteristische Baustil, der dann an das „Moskauer Zarentum", von dem später die Einigung Rußlands ausging, weitervererbt wurde.

Weiter nördlich liegt die alte Handelsstadt und Bojarenrepublik Nowgorod, eine der ältesten Städte Rußlands, die bereits zu Zeiten der „Kiewer Rus" eine wichtige Rolle spielte. Vom früheren Reichtum und Einfluß der Kirche zeugen beeindruckende Bauten, wie das Dreifaltigkeitskloster des Heiligen Sergius von Radonesch in Sergiew Possad, die Kirchen und Klosteranlagen in und um Wladimir und Susdal, die Sakralbauten in Nowgorod, die prachtvollen Kathedralen des Moskauer Kreml. Inzwischen ist die Kirche in Rußland wieder eine bedeutende Kraft geworden, in viele Kirchen und Klöster ist das kirchliche Leben zurückgekehrt.

Besonders sehenswert: Sergiew Possad

Versäumen darf man auf keinen Fall einen Besuch in Sergiew Possad, etwa 75 Kilometer von Moskau entfernt. Hier ist das berühmte Dreifaltigkeitskloster des Heiligen Sergius von Radonesch, das bedeutendste zentralrussische Kloster, zu finden. Die mächtige und wehrhafte, von den goldenen Kuppeln der Klosterkathedralen und des hohen Glockenturmes überragte Anlage spielte eine wichtige Rolle in der russichen Geschichte. Noch heute kommen Pilger aus ganz Rußland hierher. Die literarischen Werke von Tschechow, Gogol, Dostojewski, Gorkij oder Puschkin sind eng mit dieser Gegend verbunden.

Nach der Besichtigung empfiehlt sich eine Weiterfahrt nach Rostow Welikij am Nero-See (65 km). Im 12. Jahrhundert war Rostow Hauptstadt eines selbständigen Fürstentums. Hiervon zeugen viele Baudenkmälern, wie der gut erhaltene Kreml aus dem 17. Jahrhundert, die Mariä-Entschlafens-Kathedrale und der Glockenstuhl am Kathedralenplatz.

Bauwerke des russischen Klassizismus

Circa 270 Kilometer entfernt von Rostow: Kostroma an der Wolga, eine altrussische Stadt, ebenfalls aus dem 12. Jahrhundert. Das Stadtzentrum ist von Bauwerken des russischen Klassizismus (18./19. Jahrhundert) geprägt, die Atmosphäre einer russischen Provinzstadt des 19. Jahrhunderts ist noch zu spüren. Wichtigste Sehenswürdigkeit ist der Komplex des Ipatewskij-Klosters.

Empfehlenswert ist von hier aus ein Ausflug nach Jaroslawl an der Wolga. Die Stadt blickt auf eine fast 1000jährige Geschichte zurück, die in zahlreichen Baudenkmälern gegenwärtig ist. Die Stadtrundfahrt in Jaroslawl beginnt man am besten am Wolga-Kai, von wo aus sich ein schöner Blick auf die malerische Silhouette der Stadt und den Zusammenfluß von Kotorosl und Wolga bietet. Sehenswert auch der ehemalige Metropolitenpalast und das Ensemble des Erlöser-Klosters.

Zentrum der altrussischen Lackmalerei

Palech (150 Kilometer weiter) konnte sich bereits im 18. und 19. Jahrhundert seiner Ikonen- und Freskenmaler rühmen, heute ist er ein Zentrum der Lackmalerei. Hier werden Kästchen, Schatullen und ähnliches getreu den Traditionen der altrussischen Lackmalerei mit Motiven aus Märchen, Sagen und der russischen Literatur farbenprächtig bemalt. Unbedingt zu besichtigen: das Museum für Lackmalerei.

Susdal: besterhaltene der altrussischen Städte

Es empfiehlt sich die Weiterfahrt nach Susdal (140 km). Zusammen mit seiner Nachbarstadt Wladimir spielte Susdal als Zentrum des Großfürstentums Wladimir-Susdal eine bedeutende Rolle in der Geschichte des mittelalterlichen Rußlands. Heute ist Susdal mit seiner Vielzahl unvergleichlicher Baudenkmäler die wohl schönste und besterhaltene der altrussischen Städte und steht unter Denkmalschutz. Unter den verschiedenen Baudenkmälern ist besonders sehenswert: die Christi-Geburt-Kathedrale und der Erzbischofhof im Kreml sowie das Pokrowskij-Frauenkloster und mehrere andere Klosteranlagen. Sehenswert: das Museum für Holzarchitektur.

Empfehlenswert ist ein Ausflug in die malerisch oberhalb der Kljasma gelegene Nachbarstadt Wladimir. Dort gibt es Baudenkmäler, die zu den bedeutendsten der altrussischen Architektur gehören: Goldenes Tor, Uspenskij-Kathedrale

(Fünfkuppelkirche aus Kalkstein, Vorbild der Uspenskij-Kathedrale im Moskauer Kreml) und Demetrios-Kathedrale mit reichem steinernem Reliefschmuck und anderes mehr.

Ein weiterer Ausflug könnte nach Bogoljubowo führen, wo die Ruinen des Palastes von Großfürst Andrej Bogoljubskij zu besichtigen sind. Unterwegs empfiehlt sich ein Abstecher zur Pokrow-Kirche am Nerl-Fluß.

Nowgorod: eine der ältesten russischen Städte

Wenn es sich einrichten läßt, sollte man auch Nowgorod besuchen. Die Stadt am Wolchow-Fluß gehört zu den ältesten Städten Rußlands. Der Fluß teilt Nowgorod in zwei Hälften: Sophien-Viertel mit Kreml am linken Flußufer und Geschäftsviertel mit Jaroslawler Hof der Kaufleute und Handwerker am rechten Flußufer. Die Besichtigung des Kreml mit der Sophien-Kathedrale (11. Jahrhundert), dem Wahrzeichen Nowgorods, ist ebenso Pflicht wie der Besuch des Facettenpalastes, der früheren Residenz der Erzbischöfe. Er ist heute Museum der Bildenden und Angewandten Kunst des 11. bis 19. Jahrhunderts. Es empfiehlt sich ein Ausflug zum Jurjew-Kloster mit der Georgs-Kathedrale (12. Jahrhundert) sowie zum Museum der Holzbaukunst „Witoslawizy" mit historisch wertvollen Wohnhäusern und Kirchen.

Trinksitten, Einladungen und Privatleben

Д ie Russen sind ein zur Geselligkeit neigendes Volk, dessen Kommunikationsbedürfnis groß ist. Das erfährt und erlebt jeder Ausländer, wenn er seinen Fuß auf das Gebiet der russischen Föderation setzt. Die tiefe Anteilnahme an den Sorgen des anderen – Russen gehen davon aus, daß andere Menschen genauso sorgengeplagt sind wie sie selbst – ist nicht gespielt. Unter Männern wird aus dem zweiseitigen Austausch der Kümmernisse rasch ein Trinkgelage. Jedenfalls kommt einem westlichen Ausländer das gesellige Trinken der Russen als exzentrische Überschreitung aller ihm bekannter Trinksitten vor.

Die Haltung der verschiedensten Regierungen gegenüber dem Alkoholkonsum hat immer wieder gewechselt. Andropow und Gorbatschow hätten ihre Landsleute am liebsten zu Blaukreuzlern gemacht. Heute nehmen die Verantwortlichen eine liberalere Haltung ein. Wer mit westlichem Geld und westlichem Know-how eine Brauerei bauen will, hat heutzutage ihre volle Unterstützung. Doch man darf sich nicht täuschen: Noch immer können Ordnungskräfte bei öffentlichem Alkoholkonsum einschreiten, wenn sie das für richtig halten. Schlimmstenfalls kann das zwei Wochen im Polizeigewahrsam einbringen. Daran wird auch ein neues Strafgesetzbuch nicht viel ändern. Die Russen haben jedoch wie die Italiener Spaß daran, Gesetze auf sportliche Weise zu umgehen. Wobei man in Rußland erheblich mehr Denksport betreiben muß, weil die Spielregeln, die man zu umgehen sucht, gar nicht genau bekannt sind.

In der kalten Jahreszeit verbietet sich das Trinken auf den Straßen fast von selbst. Dann gilt es, einen gemütlichen Ort zum Trinken zu finden und das ist häufig das Büro. Am Arbeitsplatz geht es oft zu wie bei einer Familienfeier. Der Fremde gewinnt den Eindruck, als ob Russen das private und das berufliche Leben miteinander verbinden. Die Kenner der Landessitten sagen: Das ist auch so. Privates, Geschäftliches oder Dienstliches mag man nicht auseinanderhalten. So wie man auf der Familienfeier wissen will, wer der andere eigentlich ist, will man auch die Seele des Arbeitskollegen, des Geschäftspartners ergründen. „Russen lieben es, einander in die Seele zu kriechen. Und sie machen vor der Seele des Fremden nicht halt", sagt ein deutscher Geschäftsmann, der seit einigen Jahren in Moskau lebt.

Russen richten ihren Arbeitsplatz, ihre Dienststelle oder ihr Büro so ein, daß sie sich dort „wie Zuhause" fühlen. Ein Büro, eine Dienststelle, die Kantine eines Unternehmens sind für Russen eine Art Club, ein Ort, an dem man angenehme Stunden mit netten Menschen verbringt. Die Kollegen sind miteinander durch vielfältige berufsfremde Interessen, persönliche Beziehungen, gemeinsame Erlebnisse verbunden.

Es gibt sie einfach nicht, die Trennung zwischen Arbeit und Privatsphäre. Eigentlich ein sympatischer Zug, diese bizarre Verschmelzung zweier Bereiche, die ansonsten überall auf der Welt mehr oder minder scharf voneinander getrennt werden. Doch das bringt auch mit sich, daß die Gewohnheiten des einen Bereichs in den anderen übertragen werden. Kennenlernen ist – privat oder geschäftlich – keine Fünf-Minuten-Angelegenheit und mit dem Konsum von viel Wodka verbunden.

Zum Trinken gehört das Essen. Westliche Geschäftsleute werden in Lokale ausgeführt, in denen roter und schwarzer Kaviar tellerweise auf den Tisch kommt und Krimsekt in Strömen fließt. Oder sie erleben, wie auf der Dienststelle, auf der sie vorsprechen wollen, ein Fest gefeiert wird, zu dem man sie spontan einlädt. Denn Russen begehen festliche Anlässe zunächst einmal im Büro. Auf der Arbeit werden ausgiebig staatliche und jetzt auch religiöse Feste, Neujahr, die Geburtstage von Mitarbeitern und deren abwesenden Kindern, Beförderungen, der Beginn und das Ende des Urlaubs, die Bewilligung von Dienstreisen und vieles mehr gefeiert. Wenn ein Mitarbeiter seine Kollegen anläßlich seines Hochzeitstags – natürlich in Abwesenheit seiner Frau – freigiebig bewirtet, staunt darüber niemand. Eine Sekretärin richtet das Totenmahl für ihre Mutter im Büro aus: Alle trinken zusammen und essen mit traurigem Gesichtsausdruck sauer eingelegte Pilze und Gurken.

Feiern im Büro ist ein organischer Bestandteil der russischen Lebensart. Es kann passieren, daß Institutionen und Firmen am Tag vor landesweiten Festen schon gegen Mittag schließen. Wer Pech hat, steht schon am frühen Morgen vor verschlossenen Türen, weil die Belegschaft feiert. Mitunter kann das gemütliche Beisammensein sich über mehrere Tage vor und nach einem Feiertag hinziehen – je nach Strenge, die am Arbeitsplatz herrscht.

Was auf diese Art in den Instituten, den Betrieben, den Dienststellen und den Fabriken passiert: Man kommt sich einander menschlich näher und ist einander zugetan oder gar eng verbunden. Daran muß ein Ausländer denken, wenn er Gespräche und Verhandlungen führt. Er darf nie versuchen, Kollegen gegeneinander auszuspielen.

An den Tagen vor wichtigen Feiertagen vergnügen sich Russen auch damit, daß sie von einem Büro ins andere ziehen. Mit den Alkohol-Promille-Werten im Blut steigt das Vergnügen am Gesang. Das traditionelle Repertoire betrunkener Russen umfaßt im Zweifel nur zwei Lieder. „Frost, mein Frost, laß mich nicht so stark frieren...“ wird unabhängig von der Jahreszeit angestimmt, und „Es rauscht der Schilf, die Bäume ducken sich...“ kann bei jedem Wetter gesungen werden.

Textfest sind die Interpreten dabei für gewöhnlich nicht. Nach der zweiten Strophe beginnt man wieder von vorn. Warum Zecher in Rußland diese beiden Lieder so hartnäckig singen, hat bisher noch niemand ergründet.

Im Frühjahr und Sommer findet geselliges Trinken auch in den Parks statt. Beliebt ist Bier. Es darf in der Zwischenzeit auch auf der Straße getrunken werden. Dennoch kann es passieren, daß die Polizei in irrationalen Aktionismus verfällt und daran Anstoß nimmt. Doch meist passiert nichts, man läßt die Zecher gewähren.

Zechende Grüppchen machen sich miteinander bekannt, man trinkt im größeren Kreis gemeinsam weiter. Früher griff man zu Flaschenbier nationaler Marken, weil das billiger war. Wer mehr Geld hatte, leistete sich ausländisches Dosenbier. Heute haben sich die Preisunterschiede verwischt. Viele kehren der ausländischen Prestigemarke wieder den Rücken und zu einem nationalen Bier zurück. Patriotismus mag da mitschwingen.

Zu Gast bei russischen Familien

„Trinken ohne Toast ist Alkoholismus, Trinken mit Toast ist politische Bildung." Trinksprüche sind in Rußland ein wichtiges Thema. Als Fremder sollte man darauf vorbereitet sein, wenn man eine Einladung zu einem Essen in privater Atmosphäre bekommt. Es kommt nicht häufig vor, daß man einen Fremden zu sich nach Hause bittet. Noch immer wohnen viele Russen beengt. Noch immer gibt es in Städten wie St. Petersburg Gemeinschaftswohnungen, in denen jedes Zimmer von einer anderen Familie bewohnt wird. Hier gibt es noch die Gemeinschaftsküchen, die häusliche Clubs sind, Debattierzentren, auf die kein Reiseführer hinweist.

Wer zu sich nach Hause einlädt besitzt meist mehr: die eigene Wohnung, die Datscha auf dem Land. Es kann für einen Fremden schwierig sein, die Wohnung des Gastgebers zu finden. Eine Moskauer Adresse ist ungewöhnlich lang und gleicht oft einer Wegbeschreibung: Kutzowskij Prospekt 7/4, Hof links, Eingang 3, 12. Stock, Wohnung 121. Man darf sich nicht wundern, wenn der Hof dunkel ist, mit Müllcontainern und Autos zugestellt. Der Lift ist für gewöhnlich ein klappriger Eisenkäfig, der sich rumpelnd in Bewegung setzt. Aber der Empfang ist herzlich, wie er herzlicher nicht sein könnte.

Zur Begrüßung muß auf alles ein Toast ausgebracht werden, sobald die Gläser gefüllt sind. Einfach „Prost" sagen gehört sich nicht. Die Anzahl der Anwesenden bestimmt die Zahl der Trinksprüche. Mehr dürfen es sein, weniger nicht. Brot und Salz stehen bereit, man nimmt einen Bissen von dem mit Salz bestreuten Brot. Auch das ist ein Ritual bei der Begrüßung. Der erste Trinkspruch könnte lauten: „Wir trinken darauf, daß wir zusammengekommen sind." Man muß das Glas nicht leeren, doch es ist üblich.

Bei einer privaten Einladung trinkt man mit dem Geschäftsfreund zur Begrüßung auf alles, was einem in den Sinn kommt: Auf die deutsch-russische Freundschaft, die Gesundheit der Kinder, auf Frieden und Freiheit und auf ein langes Leben des russischen Präsidenten. Für gewöhnlich wird bei solchen Gelegenheiten auch Wein serviert, weil man erwartet, daß Wein dem ausländischen Besucher am besten schmeckt. Gute Weine aus Frankreich oder Italien sind teuer – damit drückt der Gastgeber aus, wie sehr er den Besuch schätzt. Krimweine, aber auch georgische oder moldawische sind oft von guter Qualität und auch für den Gastgeber relativ erschwinglich, allerdings im Vergleich zu Wodka sind sie immer noch teuer.

Dem Besuch wird die Wohnung gezeigt, die vom Vater geerbte und im Laufe der Zeit stark erweiterte Kunstsammlung, die Reihe der Bücher, die man besitzt. Man schaut in die Küche, in der die Familie lebt. Hier steht auch der Fernseher. Die Russen sagen: „Das Haus beginnt in der Küche und die Küche am Ofen." Als glücklicher Besitzer einer eigenen Wohnung mit eigenem Gasherd, versammelt sich die Familie um diesen Herd. In der Küche kann man essen und trinken, dort steht auch der Samowar. Schon der besonderen Form und Größe wegen nicht mit einem Teekessel zu verwechseln.

Nach dem mit Salz bestreuten Brot, folgen die üppigsten Vorspeisen, kalte und warme. Den Vorspeisen zugerechnet wird auch das Butterbrod. Tatsächlich stammt das Wort vom deutschen „Butterbrot", hat sich aber vom Inhalt her verwandelt. Es darf Wurst, Schinken, Käse, Speck oder Zwiebel darauf sein, auch Kaviar. Kaviar – russisch „Ikra" – vom Stör, Beluga und von den verschiedenen Lachsarten.

Bittet der Hausherr zu Tisch, dann ist dieser Tisch reich gedeckt. Alles darauf, was es auf den Märkten der Stadt gibt. Dem Gast wird unentwegt von allen Seiten nachgeschaufelt. Er wird energisch protestieren müssen und mehrmals lauthals versichern, daß er satt ist. Sonst glaubt man ihm nicht. Die Frau des Hauses ist zufrieden, wenn etwas übrigbleibt. Denn das heißt, man hat an nichts gespart. Nach Geiz darf es zu keiner Minute aussehen, sondern stets nach üppiger Gastfreundschaft. Den letzten Toast bringt man auf die Gastgeber aus – sie haben die Einladung zu einem unvergeßlichen Erlebnis gemacht.

Das Liebesleben der Russen

Liebe in Rußland ist noch immer eine Prüfung im Alltag. Das Kennenlernen erfolgt überall dort, wo sich Menschen begegnen: Auf der Straße, am Abeitsplatz, im Café, im Konzert. Doch es gibt einfach zu wenig Plätze, an denen Verliebte ungestört allein sein können. Natürlich, man verabredet sich, um gemeinsam etwas zu unternehmen. Das Paar trifft sich im Zentrum einer Stadt, dort gibt es die Unterhaltungsangebote von Disco bis Theateraufführung.

All diese Veranstaltungen enden für russische Verhältnisse spät. Die Kinos und Theater haben ihre letzte Vorstellung gegen 23 Uhr beendet. Um diese Zeit schließen auch die meisten Restaurants und Bistros.

Es ist nicht angebracht, die Dame des Herzens allein dem öffentlichen Nahverkehr zu überantworten. Denn das kann für sie gefährlich werden. Sie erwartet auch, daß ihr Verehrer sie nach Hause bringt. Wobei er krampfhaft überlegt, ob es ihm noch gelingen wird, nach Hause zu kommen. In den Millionenstädten Rußlands sind die Wege weit und die U-Bahnen und Busse stellen am Stadtrand und in den Vororten ihre Dienste zwischen 23 und 24 Uhr ein. Im Notfall kann man bei Kollegen oder Bekannten übernachten.

So sind die großen Entfernungen – neben den Klimaverhältnissen, die den Aufenthalt im Freien nur an wenigen Wochen im Jahr zulassen – eine Belastung für die Liebe. Man darf sich keinen Partner suchen, der am anderen Ende der Stadt oder gar im entgegengesetzten Vorort wohnt. Denn die Freundlichkeit der Kollegen und Verwandten, die man um Notaufnahme bittet, ist nicht unbegrenzt. Junge Männer, die durch nächtliche Städte marschieren, in irgendeiner U-Bahnstation nächtigen oder gar in einem Hausflur sitzen und darauf warten, daß es wieder hell wird, können Opfer des öffentlichen Nahverkehrs sein.

Neben den großen Entfernungen und dem Klima lastet auch die Wohnungsnot auf der Liebe in Rußland. Junge Menschen und auch nicht mehr ganz so junge, wohnen häufig mit Eltern oder Verwandten zusammen. Solche Wohngemeinschaften gestatten ungestörte Zweisamkeit nicht. Da bleibt dann nur noch das Büro. Um zum intimen Teil des Abends zu kommen, muß das Paar ins Büro zurückkehren oder dort nach Feierabend bleiben. Büros sind oft mit bequemen Sofas ausgestattet, manchmal bieten Firmen ihren Mitarbeitern sogar Saunen an. Das geheizte Büro ist eine komfortable Alternative zum Hausflur, in dem sich die Treffs der Jugendlichen abspielen. Niemand wundert sich, wenn in dem einen oder anderen Zimmer einer Büroetage lange nach Dienstschluß noch Licht brennt.

Moskau als Wirtschafts-
und Steuerzentrum

Moskau, lange Zeit Machtzentrum der Sowjetunion, ist heute Hauptstadt und Herz des neuen Rußland. Der Stadtgigant mit inzwischen mehr als neun Millionen Einwohnern wandelt sich immer schneller in eine europäische Metropole. Die Stadt wirkt modern, quicklebendig, etwas chaotisch aber nie hektisch. Das mag an der Gelassenheit der Bewohner liegen. Eine interessante Stadt, in Zeiten schier unglaublicher Veränderungen.

Moskau blickt aus einer bewegten Gegenwart auf eine bewegte Vergangenheit zurück: Im Laufe ihrer 800jährigen Geschichte stand die Stadt zeitweise unter der Oberherrschaft der Mongolenfürsten. Bis 1712 war sie Residenz der Zaren des Heiligen Rußland, bis diese Ehre an das neugegründete St. Petersburg abgegeben werden mußte. Moskau wurde erst nach der Oktoberrevolution wieder Hauptstadt.

Chancenreicher Immobilienmarkt

Heute ist die russische Hauptstadt der vielleicht interessanteste und chancenreichste Immobilienmarkt des Kontinents. Bei den Gewerbeimmobilien zum Beispiel ist ein besonderer Bedarf an Büroraum zu errechnen. In Moskau fehlen Büros: Es haben sich dort viele ausländische Firmen niedergelassen, denen nicht die erforderlichen Büros westlichen Zuschnitts zur Verfügung stehen. Bis Ende 1996 wurden mehr als 3000 ausländische Unternehmen mit Niederlassungen in Moskau registriert. Unter den 3000 Unternehmen sind 800 deutsche und 800 US-amerikanische Firmen. Frankreich ist mit 350 und Großbritannien mit 250 Unternehmen vertreten.

Insgesamt haben diese Betriebe einen geschätzten Bedarf an 35000 Büroarbeitsplätzen. Legt man durchschnittlich 10 Quadratmeter je Arbeitsplatz zugrunde und eine Angebotsreserve von mindestens fünf Prozent, so ergibt sich allein für 1996 eine aktuell erforderliche Bürofläche von 367500 Quadratmetern Bruttogeschoßfläche. Nicht einmal die Hälfte dieser Fläche stand den westlichen Firmen Ende 1996 zur Verfügung.

Dazu kommt ein Bedarf an Wohnungen für ausländische und einheimische Mieter. Es fehlen auch schätzungsweise 1,4 bis 2,1 Millionen Quadratmeter Wohnfläche. Die Beteiligung ausländischer Investoren ist erwünscht, was Geschoßwohnungsbau für die Kolonie der ausländischen Geschäftsleute und ihrer Familien angeht.

Büromieten schießen in die Höhe

Die Gewerbemieten schießen angesichts der knappen Flächen in die Höhe. Für Büros mit westlichem Standard werden in der Innenstadt Monatsmieten zwischen 65 und 100 DM je Quadratmeter verlangt und auch gezahlt. Ideale Bedingungen für den Bau neuer Bürohäuser, zumal sich Moskaus Innenstadt inzwischen sehr westlich darstellt. Doch noch immer gelten Infrastruktur und politisches Umfeld als nicht so attraktiv und sicher, um sich mit Eigentum langfristig zu binden. Mieter wollen auch sofort über Flächen verfügen und nicht erst auf die Fertigstellung eines geplanten Gebäudes warten. Es ist auch Mißtrauen vorhanden: Zu viele Bauvorhaben, die großspurig angekündigt wurden, sind am Ende nicht realisiert worden.

Banken, ausländische Investoren, Bauunternehmen – derzeit scheint jeder zu warten, daß der andere zuerst das Risiko auf sich nimmt. Weitere Beispiele dafür, in welchen Bereichen westliche Investoren einsteigen könnten: Der Ausbau der Straßen scheint unumgänglich angesichts des ständig steigenden Motorisierungsgrades der Bewohner Moskaus. Beim Ausbau des regionalen Straßennetzes (die Stadtgrenze bildet seit 1960 ein 109 Kilometer langer Autobahnring) eröffnen sich deutschen Straßenbauunternehmen interessante Kooperations-Möglichkeiten. Besonderes Interesse an der Zusammenarbeit mit ausländischen Partnern haben die Moskauer Behörden auch mit Firmen, die in den Bereichen umwelttechnische Ausrüstungen und Umweltschutz tätig sind.

Doch für viele ausländische Unternehmen scheint Moskau noch immer nicht wirtschaftsfähig zu sein. Sogar der geplante Euro Business Park Moskau stößt auf Skepsis: In verkehrsgünstiger Lage zwischen dem internationalen Flughafen Scheremetjewo II und dem Stadtzentrum soll in der Nähe des Dynamo-Stadions auf dem 2,8 Hektar großen Gebiet eines Holzverarbeitungskombinats ein in sich abgeschlossener Büro- und Dienstleistungspark entstehen. Der erste Bauabschnitt ist fertig geplant und genehmigt – Makler suchen Investoren und Mieter. Hier geht es darum, daß einer den ersten Stein ins Wasser wirft.

Die Sherrizone AG (Gesellschaft für die Entwicklung der Zone Solnetschnogorsk-Scheremetjowo) will den Wirtschafts- und Handelspark errichten. Interessierten Unternehmen werden günstige Rahmenbedingungen versprochen. So winkt etwa eine Befreiung von örtlichen Steuern. Auf dem fast 140 Hektar großen Gelände, das unmittelbar an die zum Flughafen führende Autobahn angrenzt, sollen Zoll- und Umschlagterminals, ein Großmarkt für Lebensmittel, Produktionsstätten für Industriegüter sowie ein Gewerbepark für mittelständische Unternehmen entstehen.

Adresse:

 Gesellschaft für die Entwicklung der Zone Solnetschnogorsk/ Scheremetjowo – Sherrizone AG – Kosmodemianskich 26/21, 125130 Moskau, (Vorwahl Moskau von Deutschland aus: 007/095) Telefon und Fax: 150/9346.

Baumaterialien und Konstrukteure aus dem Westen

Von Planungsvorhaben abgesehen, es wird schon heute an fast jeder Ecke gebaut. Im Ballungsgebiet Moskau besteht derzeit die größte Nachfrage nach westlichen Baumaterialien. Weil die in Rußland hergestellten Baustoffe mangelhafte Qualitäten aufweisen, greifen private Bauherren der Hauptstadt meist auf Importware zurück – soweit sie sie bekommen können. Moskau ist aber auch ein Markt für Konstrukteure und Bautechniker aus dem Westen Europas. Auch ausländischen Dienstleistungsunternehmen der Baubranche – etwa bei Baudesignern sowie Planern und Konstrukteuren – bieten sich nach Expertenmeinung beste Chancen.

Viele alte Gebäude müssen saniert werden. Zwar gibt es in Moskau nicht so viele prachtvolle alte Gebäude mit stuckverzierten Fassaden wie in St. Petersburg, doch es gibt sie. Die Interessenten für Wohnungen in sanierten alten Gebäuden sind vorhanden. Viele Besserverdienende, Einheimische wie Ausländer, melden Wünsche an: Sie wollen besser wohnen, verlangen Ausstattungen nach westeuropäischem Standard.

Ein weites Feld ist auch die Investition in zusätzliche Hotels: Zwar haben zahlreiche westliche Hotelketten in der Zwischenzeit in Moskau Dependancen errichtet oder bereits in den Zeiten der Sowjetunion vorhandene Hotels umgebaut und mit westlichem Komfort versehen.

Es gibt aber auch noch Traditionshotels, wie das Hotel „Lux", heute „Zentralnaja". Von dem Architekten Eichenwald 1911 vollendet, vermittelt es noch heute die Atmosphäre der Gründerzeit. Das Hotel nahm nach der Oktoberrevolution die bolschewistische Regierung auf, die von Petrograd nach Moskau übersiedelte. Es wurde die erste Adresse für Linke aus aller Welt. Deutsche und österreichische Emigranten lebten im Hotel „Lux", mit deren Hilfe Stalin nach dem Zweiten Weltkrieg die Sowjetunion erneuern wollte: Herbert Wehner und Wilhelm Pieck, Walter Ulbricht und die Führer der KPÖ, Fürnberg und Fischer. Nach einer Generalsanierung wurde das Hotel unter dem Namen „Zentralnaja" wiedereröffnet. Das Interieur des Restaurants mit seiner prachtvollen Jugendstilausstattung ist besonders sehenswert.

Die Kettenhotels sind längst vorhanden, die Zwei- und Drei-Sterne-Komfort bieten. Doch die Bettenzahl reicht noch längst nicht.

Hotelzimmer in Moskau kosten heute mehr als in London oder New York. Das sind Knappheitspreise, denn die Nachfrage ist weit höher als das Angebot. Die Zahl der Tourismusveranstalter, die Moskau im Programm haben, wächst gewaltig. Moskau ist aber auch auf dem besten Weg, Ort für internationale Konferenzen zu werden. Außerdem baut die Stadtverwaltung die Messekapazitäten aus.

Gütesiegel für Fachmesse

In ganz Rußland schießen Fachmessen wie Pilze aus dem Boden. Doch in Moskau ist dieses Phänomen besonders ausgeprägt. In der Hauptstadt dominieren zwei Themenbereiche: Medizintechnik, Arzneimittel, Optik und Optometrie einerseits, Messen für Landtechnik und landwirtschaftliche Erzeugnisse andererseits.

Angesichts des besonderen Interesses an den Themenbereichen „Gesundheit und Pharmazie" hat sich in Moskau die Fachmesse „Sdrawoochranenije", die alle zwei Jahre stattfindet, fest etabliert.

Sie hat als eine der ersten Fachmessen überhaupt ein Gütesiegel der russischen Union für Messen und Ausstellungen erhalten. Allein die Tatsache, daß die Gesundheits- und Pharmaziemesse 1995 bereits zum fünften Male stattfand, spricht für sich. Andere Fachmessen wirken im internationalen Vergleich eher bescheiden. Sie stecken noch in den Kinderschuhen. Man muß abwarten, ob sie mit diesen Schuhen laufen lernen. So die Moskauer „Domzoo", eine internationale Messe für Heimtierbedarf auf Rußlands schönstem, gut ausgestatteten Messegelände „Krasnaja Presjana". Sie trägt der Tatsache Rechnung, daß die Aufwendungen für private Haustierhaltung derzeit in der Region Moskau circa 50 Millionen US-Dollar jährlich betragen.

Beratung und Hilfe für Mittelständler

Während die „Global Players" längst den Einstieg in den russischen Markt gefunden haben, suchen viele Mittelständler noch danach. Es gibt zahlreiche Beispiele dafür, daß deutsche Industrie- und Handelskammern nicht nur ständig aktualisierte Wirtschaftsdaten zur Russischen Förderation und einzelnen Investitionsstandorten bereit haben, sondern auch vor Ort Beraterinnen und Berater bereithalten, um Geschäftsleute bei ihrem Versuch, in Rußland Geschäfte zu machen, zu unterstützen.

Beispiel „Firmenpool Rußland" in Moskau: In Zusammenarbeit mit der Düsseldorfer Industrie- und Handelskammer und dem Delegiertenbüro der Deutschen Wirtschaft in Moskau hat die IHK-Gesellschaft zur Förderung der Außenwirtschaft, Berlin, einen „Firmenpool Rußland" gegründet.

Grundgedanke des Projekts ist es, Unternehmen den in vieler Hinsicht schwierigen Einstieg in den russischen Markt zu erleichtern. In Moskau stehen Mitarbeiter und Räumlichkeiten zur Verfügung, die Kontakte zu russischen Geschäftspartnern anbahnen, sowie zu Ministerien, Behörden und Kammern. Von hier aus werden Geschäftsbesuche oder Messebeteiligungen vorbereitet und betreut. Neuaufnahmen in den Pool erfolgen in Abstimmung mit den Pool-Mitgliedern.

Adressen:

Firmenpool-Büro Moskau
ul. Marshala Zhukova 14/2
Telefon 21 46 00, Fax 21 46 01

Delegierte der Deutschen Wirtschaft in Moskau
ul. Dubininskaja 98
Telefon 19 71 8 59, Fax 19 71 8 59

Mentalität und Klima angenehm

Die Mitarbeiter der 800 deutsche Firmen, die Mitte 1996 mit Niederlassungen, Tochterunternehmen oder Repräsentanzen in der russischen Hauptstadt registriert waren, rühmen die neue Weltoffenheit Moskaus. Dabei wird als ausgesprochen angenehm empfunden, daß die Mentalität der Moskauer eine europäische ist. Selbst mit den klimatischen Bedingungen kann man einverstanden sein. Die Jahreszeiten sind ausgeprägt. Moskau hat schneereiche Winter, in denen auch die Sonne scheint. Für viele Zugereiste ist der Frühling in dieser Stadt unvergeßlich und die Sommer werden nur sehr selten als zu heiß beschrieben. Doch man darf sich in dieser Jahreszeit über sommerliches Wetter freuen.

Moskaus wichtigste Sehenswürdigkeiten

Mit dem Bau der alten Festungsanlage Mitte des 12. Jahrhunderts beginnt die Stadtgeschichte Moskaus. Heute ist der Kreml (was soviel bedeutet wie „Festung innerhalb der Stadt") das geschichtliche Zentrum Rußlands. Je größer und bedeutender das russische Imperium wurde, um so größer und prächtiger ließen die Herrscher den Kreml ausbauen. Architekturdenkmäler aus sechs Jahrhunderten begegnen dem Besucher hier. Der Kreml war Zarensitz, Festung, Waffen- und Schatzkammer, Museum, Gefängnis und Krönungsstätte.

Innerhalb der Kremlmauern unbedingt zu besichtigen: Das Rüstkammer-Museum des Kreml, eines der interessantesten und prachtvollsten Museen Moskaus. Hier sind die Zarenkronen ausgestellt, Kleidung, Waffen, Tafelgeschirr, Kutschen und vieles mehr aus dem Besitz der Zarenfamilien. Zu den prächtigen Kreml-Kathedralen gehört die Kirche zur Gewandlegung der Mutter Gottes (Zerkow Risopoloschenija). An der höchsten Stelle der Zarenfestung steht die Mariä-Verkündigungs-Kathedrale (Blagoweschtschenski sobor) mit ihren goldenen Kuppeln. (Metro: Biblioteka Lenina)

Zu den schönsten Plätzen Europas zählt Krasnaja ploschtschad, der Rote Platz. Der ehemalige Marktplatz ist das geschichtsträchtige Zentrum Moskaus, rund 400 Meter lang und 150 Meter breit. Das Historische Museum am Nordende wurde 1993 hundert Jahre alt. Es ist selbst ein Exponat. Russischer Nationalismus schlägt sich in seiner Architektur nieder. Seine Baumeister haben nach einem Gegengewicht zu den französischen und italienischen Palästen gesucht, die bis dahin St. Petersburg geprägt hatten. Aufgabe des Historischen Museums ist es, die Geschichte des Zarenreiches bis in die Gegenwart zu dokumentieren.

Am Südende des Platzes erhebt sich die Basilius-Kathedrale, die Ivan IV. Mitte des 16. Jahrhunderts erbauen ließ. Mit ihren Zwiebeltürmen ist die Basilius-Kathedrale das berühmteste Wahrzeichen der Stadt – vielleicht sogar des ganzen Landes. Im Osten des Roten Platzes sieht man die Front des Kaufhauses GUM. Aus dem „Staatlichen Universalmagazin" ist dank seines internationalen Angebots eine Rieseneinkaufsstätte geworden, die sich mit den Galèries Lafayette in Paris messen kann. Das GUM hat Ladenstraßen, Galerien, Hallen, Gänge und Brücken – Beispiel einer phantastischen Architektur. Schließlich ist am Roten Platz auch das Lenin-Mausoleum zu finden, aus rotem Porphyr und schwarzem Granit (Metro: Biblioteka Lenina).

Besichtigen muß man unbedingt auch das Neujungfrauenkloster, das zu den schönsten Moskauer Wehrklöstern zählt. Ein Spaziergang auf dem Alten Arbat (früher das Adelsviertel Moskaus, heute Fußgängerzone), gehört ebenso zu einem Stadtrundgang wie die Besichtigung der schönsten Metro-Stationen. Empfehlenswert auch der Ausflug nach Kuskowo, einstiger Landsitz der Familie Scheremetjewo, mit Besichtigung des Porzellan-Museums oder der Ausflug zum Freilicht-Architekturmuseum Kolomenskoje.

Moskowiter sind begeisterte Kulturkonsumenten

Die Moskauer lieben ihre Theater. Die Sparten Oper und Ballett pflegt das berühmteste, das Bolschoi-Theater, zugleich eine architektonische Sehenswürdigkeit an der Tearalnaja ploschtschad. Aber es gibt auch das Kleines Theater (Maly teatr), ein Operettentheater und sozusagen der kleine Bruder des Bolschoi. Berühmt auch das Tscheschow-Künstlertheater (Metro: Ochotny rjad), den zentralen Konzertsaal „Rossija" (Metro: Kitai-Gorod) sowie einen Konzertsaal in der Nähe der Kathedrale Snamenski sabor (ebenfalls über die Metrostation Kitai-Gorod zu erreichen.)

Die größte Sammlung russischer Kunst ist in der Tretjakov-Galerie zu finden, die fast 50000 Exponate umfaßt. Sie beherbergt die weltweit bedeutendste Sammlung russischer Malerei. Hier finden sich neben Ikonen aus dem frühen Mittelalter russische Meister aus dem 18. Jahrhundert bis zur klassischen Moderne. (Lavruschinskij Per. 10, Metro: Novokusnezkaja).

Unbedingt besichtigen: das Puschkin-Museum für Bildende Künste. Außer aktuellen Ausstellungen gibt es dort eine beachtliche Sammlung westlicher Malerei, darunter große französische Impressionisten.

Das Museum für Geschichte und Rekonstruktion liegt am Neuen Platz (Nowaja ploschtschad 12) innerhalb des Stadtkerns. Es ist in der Kirche des Evangelisten Johannes untergebracht und beschäftigt sich mit der Architekturgeschichte Moskaus. Gezeigt werden die Anfänge der Riesenstadt, die als kleines Dorf an der Moskwa begann, über die Anlage der Straßen und Plätze bis zu Architektur der 20er und 30er Jahre unseres Jahrhunderts. Wer Moskau verstehen will, ist hier am richtigen Ort.

Hotels der Luxuskategorie und der gehobenen Kategorie

Aerostar, Leningradski Prospekt 17, Telefon 155 5030 (Metro: Dinamo)

Baltschug-Kempinski, uliza Batlschug, Telefon 2306500 (Nähe Roter Platz)

Inflotel an Bord der Aleksandr Blok, Krasnopresnenskaja nabereshnaja 12, Telefon 2559278 (Metro: Krasnopresnenskaja)

Leningradskaja, Kalantschewskaja uliza 21/40, (Metro: Krasnopresnenskaja)

Marco Polo Presnja, Spiridonewski pereulok 9, Telefon 2020387 (Metro: Puschkinskaja ploschtschad)

Metropol, Teatralny projesd 1/4, Telefon 9276002 (Metro: Pl. Sverdlova)

Moskwa, Ochotny rjad 7, Telefon 2922214) (Metro: Ochotny rjad)

Nazional, Ochotny rjad 14/1, Telefon 2036539 (Metro: Ochotny rjad)

Nowotel, Aeroport Scheremetjewo II, Telefon 5789401

Olimpic Penta, Olimpiski Prospekt 18, Telefon 9716101 (Metro: Rishskaja)

Palace, Twerskaja/Jamskaja 19, Telefon 9563152 (Metro: Twerskaja)

President-Hotel, uliza Jakimanka 24, Telefon 2387303 (Metro: Oktjabrskaja)

Radisson-Slawjanskaja, Bereschkowskaja nabereshnaja 2, Telefon 2402535 (Nähe Kiewer Bahnhof/ Kijweski woksal)

Rossija, uliza Warwarka 6, Telefon 2985400 (Nähe Roter Platz)
Savoy, uliza Roschdestwenka 3, Telefon 9298500 (Nähe Kreml)

Sowetskaja, Leningradki Prospekt 32/2, Telefon 2507255 (Metro: Dinamo)

Spezialitätenrestaurants in Moskau

Moskau verleugnet sein asiatisches Erbe nicht. Dazu gehören seit einiger Zeit auch Restaurants, die wahre Geheimtips sind. Sie bieten die Küchen Asiens auf höchstem kulinarischen Niveau.

Arirang Seoul
Koreanisches Spezialitätenrestaurant, täglich von 12 bis 23 Uhr geöffnet
5 Strebischensky Pereulok
Telefon 2 56 08 92/08 97

Cuu-Long
Exquisite vietnamesische Speisen, täglich von 16 bis 2 Uhr geöffnet
7 Litovsky Blvd.
Telefon 4 25 11 11

Golden Dragon
Original chinesische Küche
64 Plushchikha St.
Telefon 2 48 36 02

Silla
Koreanische und orientalische Küche, von 12 bis 22.30 Uhr geöffnet
Krymskaya Emb. (nahe dem Haus der Artisten)
Telefon 9 56 65 27 oder 9 56 65 28

Solange
Tailändisches Küche, von 16 bis 24 Uhr geöffnet
15 Kosmonvator St.
Telefon 2 86 35 05

Mei-Hua
Chinesische Küche
2/1 Rusakovskaya St.
Telefon 2 64 95 74

Sappora
Authentische japanische Küche, geöffnet von 12 bis 23 Uhr
14 Mira Prospekt
Telefon 2 07 01 98 oder 2 07 82 53

Taipei
Thai-Restaurant, geöffnet von 11 bis 23 Uhr
13 Volkov Pereulok
Telefon 2 55 01 76

Weitere Adressen:

Bobochka
Russische und französische Küche, geöffnet von 12 bis 23 Uhr
42 Boslshaya Ordynka St.
Telefon 2 33 21 10, 2 30 27 97

Dolce Vita
Italienische und russische Küche
Bldg. 1, 88 Taganskaya Sq.
Telefon 9 15 11 30

El Albergue
Authentische spanische Küche, geöffnet von 12 bis 23 Uhr
16/23 Serpukhovskai Val
Telefon 9 52 62 88

Hollywood
Internationale Brasserie, geöffnet von 12 bis 23 Uhr
7 Vernadsky Prospekt (nahe der Moskauer Universität)
Telefon 2 92 53 88

Bankenvertretungen in Moskau

Bayerische Hypotheken- und Wechselbank AG
Somotjotschny per. 3
Telefon 9 74 10 13/4, Fax 9 74 10 14

Bayerische Vereinsbank AG
McDonald's Building
ul. Ogareva 17/9
Telefon 9 40 29 66, Fax 9 40 29 69

International Moscow Bank
(Tochtergesellschaft der Bayerischen Vereinsbank)
ul. Pushkinskaya 516
Telefon 2 92 83 41, Fax 9 75 22 14

Berliner Bank AG
Gasetnij Perenlok 17/7
Telefon 9 56 98 02, Fax 9 56 98 03

Commerzbank AG
ul. Swerdlowa 21a
Telefon 2 09 28 66, Fax 2 00 02 46

Deutsche Bank AG
ul. Ostoshenka 23
Telefon 315021, Fax 3150655

DG Bank AG
ul. Mytnaja 3
Telefon 2302322, Fax 2306303

Dresdner Bank AG
Bolshaya Ordynka 37/1
Telefon 9402600, Fax 9402580

Medizinische Hilfe

High-Tech-Medizin nach westlichem Standard ist in Moskau im American Medical Center (AMC) zu finden. Das Hospital ist unter den Telefonummern 2597181, 2568212 und 2568378 zu erreichen. Erste Hilfe (landesweit unter der Notrufnummer 03 herbeizutelefonieren) ist gratis. Für alle übrigen medizinischen Leistungen werden Honorarforderungen gestellt.

Bankensystem

Neue Wechselkurspolitik

3ahlungen mit baren Devisen sind in der Russischen Föderation seit Januar 1994 gesetzlich untersagt. Es soll auf diese Weise erreicht werden, daß harte Währungen aus dem Geldkreislauf der Russischen Föderation verschwinden, damit der Rubel alle Geldfunktionen wahrnehmen kann.

Um die Sicherheit für ausländische Investoren zu verbessern, hat die Russische Zentralbank im Sommer 1996 eine neue Wechselkurspolitik begonnen. Beschlossen wurde ein flexibler und leicht ansteigender sogenannter „kriechenden Tunnel". Dieser Tunnel oder Korridor hat mit einer Bandbreite von 5 000 bis 5 600 Rubel für einen Dollar begonnen und soll zum Jahresende 1996 bei 5 500 bis 6 100 liegen. Zwischen diesen Extremwerten wird sich der Rubelkurs täglich verändern.

Schuldendienst belastet Staatshaushalt

Rußland wird an die Finanzmärkte zurückkehren: Verhandelt wird mit den 600 Gläubigerbanken über die Altschulden der früheren Sowjetunion. Rußland will kontinuierlich mit Anleiheemissionen an den internationalen Kapitalmärkten auftreten und dabei auch andere Währungen als den Dollar einsetzen. Die Mittel sollen der Finanzierung des russischen Haushaltsdefizits dienen, das 1996 etwa fünf Prozent des Bruttoinlandsprodukts ausmacht.

In dem Umschuldungsabkommen zwischen der russischen Regierung und dem Londoner Club ist vorgesehen, die Tilgungszahlungen Rußlands auf einen Zeitraum von 25 Jahren zu strecken. Derzeit betragen die russischen Auslandsschulden rund 120 Milliarden Dollar. Der Schuldendienst ist mittlerweile der drittgrößte Posten im Staatshaushalt, 1995 überwies Moskau 8,5 Milliarden Dollar ins Ausland, um seine Schulden zu begleichen.

Schwelende Krise des Bankensystems

Rußland erlebte nach dem Zusammenbruch der Sowjetunion einen regelrechten Bankenboom. Heute bieten staatliche und private Geldinstitute, Joint-Venture-Banken und hundertprozentige Auslandsbanken ihre Dienste an. Es gibt derzeit rund 2 300 Geschäftsbanken, von denen allerdings nur ein Bruchteil langfristig Überlebenschancen haben dürfte. Fachleute sind davon überzeugt, daß langfristig ein Netz von 200 Geldinstituten ausreicht.

Es existiert eine schwelende Krise des Bankensystems, die von der allgemeinen Wirtschaftskrise verursacht ist. Derzeit, so die Einschätzung, trennt sich bereits die Spreu vom Weizen. So hat die Russische Nationalbank (auch „Bank of Russia", deren Unabhängigkeit seit Mitte 1995 gesetzlich verankert ist) im Sommer 1996 einer der großen Geschäftsbanken, der Tweruniversalbank, die Lizenz entzogen.

Gefährdet sind auch andere Banken, besonders jene, die versuchen, aus Luft Geld zu machen: Da werden Wechsel ausgegeben, deren Gesamtwert das Grundkapital der Bank übersteigt. Die Mitarbeiter sind häufig wenig qualifiziert, es werden Bilanzen erstellt, die den internationalen Anforderungen nicht standhalten. Westliche Geschäftsleute, die in Rußland investieren wollen, werfen russische Banken oft undurchsichtige Geschäftspraktiken vor.

Um Qualitätsverbesserung ist die russische Zentralbank bemüht. Seit Mitte 1996 gibt es eine Verordnung, die die Tätigkeiten der Geschäftsbanken regelt. Ziel ist es, sich international gültigen Regelungen weiter zu nähern. Darüber hinaus will man die Möglichkeiten der Banken, riskante Operationen durchzuführen, weiter einschränken. In jüngster Zeit wurde versucht, ein Frühwarnsystem im Bankwesen zu installieren, um gefährdete Banken rechtzeitig zu orten und Kunden noch vor einem Crash zu warnen.

Es gibt Kontroll- und Regulationssysteme, doch sie schützen bei einem Zusammenbruch der Bank deren Kunden keineswegs vor einem Verlust seines Geldes. Verlangt wird derzeit von vielen Seiten die Einrichtung eines Fonds, der von den am Markt operierenden Geschäftsbanken getragen werden könnte und mit dem ihre Einlagen abzusichern wären. Doch die seriös operierenden Geldinstitute wehren sich dagegen, an einem Absicherungssystem mitzuwirken, was die Hasardeure zu noch gewagteren Operationen ermutigen könnte.

Insgesamt entwickelt sich das Finanz- und Bankwesen schnell. Fast ein Dutzend Banken haben die Vollmachten der Zentralbank für Operationen mit Rubeln und Valuta. Die Anzahl der Großbanken nimmt zu, die Summe der Aktiva bei den Regionalbanken steigt, es zeigen sich bei den Bankangeboten Spezialisierungen, die Struktur der Kredite verändert sich, die Anzahl der Zweigstellen pro Kopf der Bevölkerung wächst.

Um dem Wettbewerb standzuhalten, müssen die Geschäftsbanken nach innovativen Kapitalanlagen suchen und sich von den weniger erfolgreichen Konzepten der Vergangenheit lösen. Die Banken erweitern das Spektrum der Geldinstrumente, mehren das Einlagekapital und polstern die Reservefonds auf, um internationalem Standard zu entsprechen. Viele russische Kreditinstitute arbeiten mit ausländischen Banken – wie zum Beispiel den größten deutschen Geschäftsbanken – zusammen.

Das Bankkapital konzentriert sich in Moskau und in der Moskauer Oblast. Fachleute schätzten, daß hier bis zu 80 Prozent des russischen Finanzkapitals konzentriert ist, obwohl sich hier nur ein geringer Prozentsatz aller russischen Banken befindet. Doch diese Geldinstitute wickeln etwa fünf Prozent aller Kredite ab und verfügen über einen ähnlich hohen Prozentsatz an Kapitaleinlagen.

Banken brauchen die Privateinlagen

Geld zu verdienen ist für die russischen Banken nicht leicht. Man versucht Kunden mit einem vielfältigen Angebot an Bankdienstleistungen zu gewinnen. Die Krise auf dem Finanzmarkt hat noch einmal bewiesen, daß vor allem Privateinlagen die Banken über Wasser halten. Dazu ist ein guter Ruf nötig, aber auch möglichst viele Anleger. Um die zu gewinnen, ist auch der Service verbessert worden: Abschied von der Warteschlange, individuelle und rasche Bedienung der Kunden ist vielfach verwirklicht worden. Doch auch die Automatisierung ist auf dem Vormarsch. Die Banken rüsten sich mit Selbstbedienungseinrichtungen wie Bankautomaten aus, schaffen Kontoauszugsdrucker an.

Plastikgeld erobert Rußland

Die „Plastikrevolution" der westlichen Welt scheint auch Rußland heimzusuchen. Das geht soweit, daß sich Banken in der Provinz mit eilig ausgegeben Karten ihre eigenen lokalen Zahlungssysteme schaffen. Der Aufbau eines lokalen Karten-Zahlungssystems erleichtert manches. Ökonomische Probleme einer Region, die sich in der Vergangenheit in chronischem Geldmangel zeigten, wurden mit lokalen Zahlungssystemen überspielt. Die Kunden lernen, mit diesem für sie neuen Finanzinstrument umzugehen. Sie ist für sie leichter zu handhaben als eine internationale Kreditkarte – und sie ist auch leichter zu erhalten.

Mit der Karte seiner Bank ist der Verbraucher vielerorts zahlungsfähig. Er legt sie in Geschäften, an Tankstellen oder in der Reinigung auf den Thresen. Lokale Karten haben mancherorts sogar die Crashs von Bankfilialen verhindert. In der Vergangenheit konnte es geschehen, daß Lohnzahlungen ausblieben. Das führte dazu, daß Menschen in Panikstimmung buchstäblich ihre Bank plünderten. Mit dem Besitz einer Karte lernte man, daß man zu jeder Zeit an vielen Orten zahlungsfähig ist. Damit konnte in vielen Städten auf einen Bargeldumlauf in größerem Umfang verzichtet werden.

Es ist geplant, verschiedene lokale Zahlungssysteme zusammenzufassen. Der Anfang ist gemacht: Die beiden führenden einheimischen Zahlungssysteme – die STB Card und die Union Card – haben bereits zahlreiche Banken zu vertraglicher Zusammenarbeit verpflichtet. Schon heute beteiligt sich praktisch jede vierte Bank an einem Finanzsystem.

In Moskau läuft gegenwärtig das Projekt „Globus". Eine unabhängige Organisation führt Transaktionen von einem Netz ins andere aus und erhält dafür eine Provision. Bisherige Ergebnisse stimmen optimistisch. Es sieht so aus, als sei das Projekt innerhalb der Russischen Föderation zu installieren, um aus lokalen Zahlungssystemen ein nationales zu machen.

Einige Geschäftsbanken sitzen fest im Sattel

Marktführer bei der Entwicklung des bargeldlosen Zahlungsverkehrs und des Kreditkartenwesens ist die Stolitschnyj Bank, aus einer Genossenschaftsbank entstanden. Sie gehört heute zu den größten und einflußreichsten Geschäftsbanken Rußlands. Das Geldinstitut hat etwa 6.500 Mitarbeiter und unterhält ein eigenes Schulungs- und Ausbildungszentrum bei Moskau. Die Stolitschnyj Bank besitzt in Moskau 20 Filialen und gründete in St. Petersburg eine Tochterbank.

Als Nachfolgerin der sowjetischen Sparkasse sitzt die Sparbank der Russischen Föderation fest im Sattel. Sie nimmt unter den Handelsbanken der Moskauer Oblast einen wichtigen Platz ein, verfügt über ein großes Filialnetz und spielt in der Region eine wichtige Rolle bei der Betreuung von Privatkunden. Die Sparbank führt moderne Finanzprodukte ein, die gerade dem Mittelständler Investitionen erleichtern. Sie kennt sich am Wertpapiermarkt aus und hat keinerlei Schwierigkeiten mit Außenhandelsgeschäften. Ihre Korrespondenzbeziehungen verbindet die Sparkasse des Moskauer Gebietes mit den Geschäftsbanken innerhalb der Föderation, der GUS-Staaten und den maßgeblichen Banken der westlichen Welt.

 Adresse der Moskauer Zentrale:
Chaussee der Enthusiasten 42, 105118 Moskau
Telefon 095/2730366, Fax 095/1762136.

Im Dezember 1990 bekam die „Tokobank" von der Zentralbank Rußlands die Lizenz für alle Bankaktivitäten sowohl innerhalb als auch außerhalb des Landes. Seither entwickelte sich die Bank zu einer der größten Finanzinstitutionen in Rußland, sie besitzt auch internationales Vertrauen.

Die Tokobank ist seit 1992 eine Aktiengesellschaft, deren wichtigste Aktionäre das Erdöl-Produktionsunternehmen „Juganzkneftegaz", die Export-Import-Aktiengesellschaft „Kinex" und die Europäische Bank für Wiederaufbau und Entwicklung (EBRD) sind. Die Tokobank ist einer der größten Geldverleiher für ausländische Devisen an die russische Wirtschaft. Sie hat bisher 15 Vertretungen in Rußland, darunter in Moskau, St. Petersburg, Nishnij Nowgorod und Samara. Die Tokobank hat seit 1995 eine russisch-amerikanische Leasing-Tochter. Das Projekt wurde mit einem Kredit der US-Regierung finanziert. Die Hauptaufgabe der Leasing-Tochter ist die Finanzierung von Technologie-Ausrüstungen für russische Betriebe.

Professionalität und Engagement zeichnen auch die Innovationsbank für wirtschaftliche Zusammenarbeit (IBES) aus. Modern ausgerüstet ist das Bankgebäude in Ljuberzy – eine Stadt, die zur Moskauer Oblast zählt. Unter den Kunden finden sich die größten Betriebe des Gebietes. IBES gehört zu den Mitgliedern der Vereinigung Russischer Banken und erweiterte zielstrebig das eigene Tätigkeitsgebiet, ist innerhalb Rußlands und der Russischen Föderation tätig. Mittlerweile unterhält man auch enge Beziehungen zu deutschen, englischen oder amerikanischen Banken.

Adresse der Zentrale:
Oktjabrskij Prospekt 127, Ljuberzy, 140.000 Moskauer Oblast
Telefon 096/5 54 60 64, Fax 096/5 54 25 15.

Kontoeröffnung erfordert viele Unterlagen

Rußland hat fast alle Beschränkungen für die Eröffnung von Devisenkonten sowie den An- und Verkauf von Devisen für Unternehmen, Organisationen und Privatpersonen beseitigt. Alle juristischen und natürlichen Personen, auch nicht in Rußland Ansässige, können bei bevollmächtigten Banken im Inland Devisenkonten eröffnen.

In den devisenrechtlichen Bestimmungen der Russischen Föderation tauchen sehr häufig die Begriffe „Residenten" und „Nichtresidenten" auf. Deswegen eine kurze Begriffsklärung. In die erste Kategorie gehören Privatpersonen mit ständigem Wohnsitz in der Russischen Föderation (RF), einschließlich solcher mit zeitweiligen Aufenthalt außerhalb der RF und juristische Personen, die in der RF gegründet wurden und ihren Sitz auf dem Territorium der RF haben (dazu zählen auch Joint-Ventures und Töchter ausländischer Unternehmen).

„Nichtresidenten" dagegen sind Privatpersonen mit ständigem Wohnsitz außerhalb der RF, einschließlich solcher mit zeitweiligem Aufenthalt in der Russischen Föderation und juristische Personen, die in anderen Staaten gegründet wurden und ihren Sitz außerhalb des Territoriums der RF haben.

„Nichtresidenten" wie „Residenten" können in der RF sowohl Devisen- als auch Rubelkonten unterhalten. Dies ist erforderlich, wenn Vertretungen oder Niederlassungen in Rußland eröffnet werden, Ex- und Importgeschäfte zu verrechnen sind oder Investitionen in russische Unternehmen (wie Aktienkauf oder Privatisierung) anstehen.

Zur Eröffnung von Devisen- und Rubelkonten sind bei allen Banken die gleichen Unterlagen mitzubringen, da alle – auch die hundertprozentigen Auslandsbanken – russischem Recht unterliegen. Man tut gut daran, sich im voraus mit
den Banken abzustimmen, um wirklich alle erforderlichen Unterlagen beibrin-
gen zu können.

Neben dem Kontoeröffnungsantrag braucht man in jedem Fall eine Unterschrif-
tenkarte (auf speziellem Formular der Zentralbank) mit notarieller Beglaubigung
der Unterschriften. Notwendig ist ferner ein aktueller Handelsregisterauszug,
unterzeichnete Vollmacht für Kontoverfügungsberechtigte, Status, Gesell-
schaftsvertrag und Gründungsprotokoll des Unternehmens, Geschäftsberichte,
beglaubigte Kopien von Registrierungsurkunden, Kopien von Meldeunterlagen
bei der örtlichen Steuerbehörde, Auskünfte ausländischer Hausbanken und letzt-
lich die persönliche Legitimation des oder der Verfügungsberechtigten. Einige
dieser Dokumente müssen von russischen Botschaften im Land der Mutterge-
sellschaft beglaubigt sein.

Gebiet Samara

Bedeutendes Industriepotential

Als reich und gastfreundlich gilt die Region Samara, die zu den am weitesten entwickelten Industriegebieten der Russischen Föderation zählt. Rundum ein „Musterländle" auf russisch, das einiges mit Baden-Württemberg gemeinsam hat. (Zu diesem Bundesland unterhält man partnerschaftliche Beziehungen.) Das Gebiet mit einer Fläche von rund 54 000 Quadratkilometern und fast 3,5 Millionen Einwohnern verfügt über ein bedeutendes Industriepotential. An der mittleren Wolga gelegen, werden in der Region Samara vier Prozent des gesamten Bruttosozialprodukts Rußlands erzeugt.

Derzeit gibt es im Gebiet Samara über 430 große und circa 1 500 kleinere Industriebetriebe, von denen 80 Prozent Aktiengesellschaften wurden. Nur ein kleiner Teil hat es bisher geschafft, die Produktion den neuen Erfordernissen anzupassen. Die meisten Betriebe haben überalterte Anlagen, sie kämpfen mit Absatzproblemen und Zahlungsschwierigkeiten.

Aufblühende High-Tech-Industrie

In den Zeiten der Sowjetunion gab es im Gebiet Samara hermetisch abgeschirmte Rüstungsbetriebe, Grundstein der heute aufblühenden High-Tech-Industrie. Als Zukunftstechnologie gepriesen, ist sie auch heute Liebling der staatlichen Wirtschaftsförderung und Gegenstand nationalen Wirtschaftsstolzes. Heute sucht die Region Samara ihren Innovationsvorsprung aus den Zeiten der mit ungeheurem Aufwand betriebenen Rüstungs- und Weltraumtechnik wirtschaftlich zu nutzen.

Zu den Hauptindustriezweigen des Gebietes Samara gehören der Flugzeug- und Raketenbau, Maschinenbau allgemein, die Metall- und Erdölverarbeitung sowie die Produktion von Kraftfahrzeugen. Das VAZ-Autowerk von Togliatti produziert etwa 70 Prozent der Autos russischer Bauart, die innerhalb der GUS-Staaten verkauft werden.

Außer der Stadt Samara mit 1,7 Millionen Einwohnern macht Togliatti – das russische Wolfsburg – mit 700 000 Einwohnern von sich reden. Togliatti ist eine junge, dynamische Stadt, die zu den zehn russischen Städten mit dem höchsten Lebensstandard der Nation gehört. Das Durchschnittsalter der Bevölkerung beträgt derzeit 33 Jahre. Der Autokonzern hat sich mittlerweile zu einem Finanzimperium ausgeweitet. Aus einem staatlichen Automobilwerk, aus dem die „Ladas" kamen, wurde eine Aktiengesellschaft. Das VAZ-Werk besitzt mittlerweile zwanzig Tochtergesellschaften (etwa Zulieferbetriebe in Dimitrowgrad und Skopino, sowie ein wissenschatlich-technisches Innovationszentrum) deren Kapital zu hundert Prozent von der AG kontrolliert wird.

Offen für Ausländer

Togliatti, das sich Wolfsburg zur deutschen Partnerstadt genommen hat, besaß nie Rüstungsindustrie und war schon immer offen für Ausländer. Die Chancen, hier als Investor oder Geschäftspartner tätig zu werden, schätzen Beobachter als gut ein. Die Europäische Bank für Wiederaufbau und Entwicklung (EBWE) unterstützt zusammen mit der Administration von Togliatti Auslands-Investitionen. Derzeit gibt es bereits in Togliatti 60 Unternehmen mit ausländischer Beteiligung und 28 Vertretungen von deutschen und US-amerikanischen Firmen, darunter General Motors und VW. Ins Leben gerufen wurden die „Inter Wolga", eine Konferenz, auf der Joint-venture-Projekte gefördert werden sollen. (Auskünfte erteilt die Stadtverwaltung von Togliatti, pl. Swobody 4, Telefon von Deutschland aus: 007/8482/235168, Fax: 007/8482/480311)

Erdölförderung und die Energiebetriebe gehören zu den Industrien der Region Samara, die schon heute gute Erträge bringen. In den vergangenen Jahren haben sich in der Wolga-Region auch Dienstleister angesiedelt, etwa Versicherungen und Banken oder Effektenbörsen. Ansonsten bestimmen Handel und Landwirtschaft das Bild.

Italien bei Joint-ventures vorn

Um die Produktion auf das Weltmarktniveau zu bringen, haben zahlreiche Betriebe in der Region Samara ausländische Kapitalbeteiligungen hereingenommen. Im Joint-venture-Bereich sind Italien, Frankreich und Spanien ganz vorn anzutreffen. Deutsche haben sich bisher nur in der Fleischverarbeitung engagiert und mit Spezialmaschinen im landwirtschaftlichen Bereich, dort mit Erfolg. Für ausländische Investoren bestehen in jedem Fall gute Möglichkeiten, im Gebiet Samara zuverlässige Geschäftspartner zu finden.

Über Togliatti ist der Westteil Rußlands gut zu erreichen. Die Wolgastadt besitzt einen großen Umschlaghafen. Die Wolga ist nicht nur eine wichtige Wasserstraße für den Touristen- und Ausflugsverkehr, auf ihr wird auch ein großer Teil des Gütertransportes der Region abgewickelt. Dazu kommt ein modern ausgebauter Flughafen: „Kurumotsch" ist ein Knotenpunkt zwischen Europa und Asien. Er ist ganz auf Waren- und Dienstleistungsexport ausgerichtet.

Vielfältige Industriestruktur

Zu den wichtigsten Wirtschaftszentren gehören neben Togliatti die Städte Sysran, Novokujbyschewsk, Tschapajewsk und Otradnij.

Sysran liegt an der Wolga, verfügt über einen Hafen und ist ein wichtiger Verkehrsknotenpunkt. In der Stadt mit 175000 Einwohnern sind die Erdölverarbeitungsindustrie, die Chemie und Petrochemie, der Rohrleitungs- sowie Landmaschinenbau angesiedelt. Außerdem gibt es ein Bergwerk zur Förderung und Verarbeitung von Schiefer. Zentren der Erdölverarbeitung sind auch Novokujbyschewsk (113000 Einwohner) und Otradnij (50000 Einwohner).

Die chemische Industrie konzentriert sich besonders in Tschapajewsk (95000 Einwohner). Hier befinden sich das große Chemiewerk Polimer und ein Düngemittelhersteller. Produktionszuwächse sind in der Erdölgewinnungs- und der Erdölverarbeitungsindustrie zu verzeichnen, im Leichtmaschinenbau sowie in Betrieben, die Mineraldünger, synthetischen Kautschuk, Ziegel und andere Baustoffe herstellen.

Kontaktanschrift:

Administration der Region Samara
ul. Molodogwardeiskaja 210, 443006 Samara,
Telefon 007/8462/322233 oder 320069

(Abt. Industriekoordinierung unter der Telefonnummer 327498)

Banken kämpfen mit Finanzproblemen

Der wirtschaftliche Aufschwung der Wolga-Region ist auch das Anliegen der Srednewolschkij Handelsbank (SVBC), ein unabhängiges Institut. Es verfügt mittlerweile über zahlreiche Mitarbeiter, die es verstanden haben, neben den Privatkunden auch Hütten- und Chemiewerke, sowie die Schiffahrtsgesellschaft „Wolgatanker" an sich zu binden. Marktführer ist jedoch die „Avtovazbank", die in der Wolga-Region zahlreiche Zweigstellen unterhält und Filialen in Moskau und St. Petersburg besitzt. Sie hat jedoch ein schlimmes Tief erlebt. Administratoren der Russischen Zentralbank übernahmen dort das Komando und der Hauptaktionär, das Unternehmen Avtovaz, drohte seine Geldmittel abzuziehen.

Insgesamt gibt es gegenwärtig nahezu vierzig Geschäftsbanken im Gebiet Samara, die auf einzelne Industriezweige spezialisiert sind. Die Samraagrobank bedient Unternehmen aus dem Agrarkomplex und der verarbeitenden Industrie. Die SWKB führte die Konten von Unternehmen der Rüstungsindustrie, der Erdöl- und Gasgewinnung sowie der chemischen Industrie. Doch sie hat die Krise nicht überlebt, steht bei ihren Kunden erheblich in der Kreide und stärkte schließlich indirekt die Wologokanskij Commerzbank (WKKB), die durch die SWKB-Pleite neue Anleger gewann. Ebenso konnten sich die Inkombank, Sberbank, Kredobank und Tokobank in dem Gebiet behaupten.

Diese Banken, sowie die im Gebiet vorhandenen Filialen Moskauer Banken, sind an das SWIFT-System angeschlossen und arbeiten mit verschiedenen ausländischen Banken zusammen, zum Beispiel mit großen deutschen Geschäftsbanken.

Erholung auf Kreuzfahrtschiffen

Am Mittellauf der Wolga gelegen – im Herzen Rußlands – gibt es im Gebiet Samara aber auch stille und freundliche Landschaften mit malerischen Dörfern. Auf dem Fluß sind moderne Kreuzfahrtschiffe unterwegs, die für erholsame Tage auf dem Wasser sorgen. Der Fischreichtum der Wolga – hier werden Barsche, Zander und Wildkarpfen gefischt – und ein gemäßigtes Kontinentalklima überraschen die ausländischen Besucher: Im Januar beträgt die Durchschnittstemperatur minus 14 Grad, im Juli klettert das Thermometer auf 24 Grad. Die Badesaison reicht von Juni bis September.

Seit Jahrhunderten haben russische Dichter die Reize von „Mütterchen Wolga" besungen. Jewgwni Jewtuschenko hat einmal gesagt: „Wir Russen sind alle erzogen von ihr, der Wolga. Tief und rein sind ihre langsam schweren Wogen, gewichtig wie das Felsgestein." Tatsächlich sieht das Wasser der Wolga in der Region Samara noch heute sauber aus, trotz der Industrie, die sich am Flußufer niedergelassen hat.

Vor der Stadt Samara (die in sowjetischen Zeiten Kujbyschew hieß) staut sich die Wolga zu einem See auf, der viele Möglichkeiten bietet. Wasser- und Angelsport ist hier möglich, seine Ufer laden zu erholsamen Spaziergängen ein.

Samara Stadt

Provinzhauptstadt zwischen zwei Flüssen

Wo der Fluß Samara in die Wolga mündet, wurde im 16. Jahrhundert eine Siedlung gegründet. Festungsbauten sollten vor Nomaden- und Kosaken-Überfällen schützen. Im Laufe der Jahrhunderte wuchs die Stadt zu ihrer heutigen Größe. Mit 1,5 Millionen Einwohnern ist Samara eine landschaftlich reizvolle Provinzhauptstadt, die ihre natürliche Begrenzung durch zwei Flüsse findet. Vor ihren Toren beginnt der Naturschutzpark „Samarskaja Luka".

In Samara findet sich eines der bedeutensten Verlagshäuser Rußlands. Der Verlagsverbund „Fjodrow" ist Marktführer im Bereich Universitätsliteratur, stellt Schulbücher her und gibt wirtschaftswissenschaftliche Bücher heraus. Zum Verlag gehören eine Tageszeitung („Moja Gazeta") und Wochenblätter. Der Verlagsverbund kann sich auch ein Belletristik-Standbein leisten.

Dienstleister bieten sich an

In Samara haben sich auch die Dienstleister niedergelassen: Ins Bild der Stadt, die nicht zuletzt auch geistiges Zentrum der Region ist, passen Versicherer und eine Messegesellschaft, die bemüht ist, den Messeplatz Samara zu beleben – was derzeit nur mühsam gelingt.

Dafür hatten die Versicherungsunternehmen eine kurze Scheinblüte und einige von ihnen verschwanden wieder ganz vom Mark. Ein Phänomen, wie es in allen Ländern zu beobachten war, die ein sozialistisches System abgeschüttelt haben: Die Nachfrage nach Versicherungen aller Art war groß, nachdem staatliche Fürsorge weitgehend entfällt. Die Menschen schloßen Lebens- und Unfallversicherungen ab, Firmen versichertern auch Sachwerte. Hier besteht (wie im Bankenbereich) die Gefahr, an kapitalschwache Unternehmen zu geraten, die dem Wettbewerb nicht standhalten können.

Um Schäden von den Versicherten fernzuhalten, haben sich relativ kapitalstarke Unternehmen zu einer Union zusammengeschlossen, der etwa die Marktführer „Astro-Wolga", „Samara-Asko" und „Utjos" angehören. Sie verfügen über ausreichend haftendes Kapital und scheinen im Verbund wenig insolvenzgefährdet.

Samara ist auch Stadt der Banken, die Generallizenzen für den Zugang zu internationalen Finanzmärkten haben. Außer der Srednewolschkij Handelsbank (SVBC) sind auch die Samara-Agrobank und die Rosetbank zu nennen, die als deutsche Korrespondenzbanken die Frankfurter Zentralen der Commerzbank und der Deutschen Bank gewinnen konnten.

Flughafen wird ausgebaut

Ausgebaut und erweitert wird derzeit der internationale Flughafen von Samara. Zum Ende dieses Jahrhunderts sollen dort 200 Millionen Dollar investiert sein. Steigen ausländische Finanziers ein, könnte dies die Bauzeit wohl verkürzen. Zur Zeit sind ein halbes Dutzend Fluggesellschaften etabliert, die Samara mit anderen Regions-Hauptstädten verbinden. Ziel ist es, den Provinzflughafen ans internationale Streckennetz anzubinden und zusätzlich ein ausreichend großes Cargozentrum aufzubauen. Die Vorhaben werden von der Russischen Föderation unterstützt.

Messewesen steckt in den Kinderschuhen

Das Messe- und Ausstellungswesen in Samara entwickelt sich nur langsam. Es fehlt an Erfahrung bei der Organisation von Messen mit internationalem Format; es fehlt aber auch noch an einer entsprechenden Infrastruktur und Dienstleistungseinrichtungen. Trotzdem wird die Entwicklung zu einem internationalen Messeplatz angestrebt. Einziger Messeveranstalter vor Ort ist die EXPO-Wolga, die über eigene Ausstellungsflächen verfügt.

1995 wurden von EXPO-Wolga 19 Messen organisiert. Besonders erfolgreich soll die „Strojindustria" (eine Messe der Bauindustrie) gewesen sein. Auch „Moderne Bank und Büro" (Bank- und Büroausstattungen) soll wieder stattfinden. Allerdings kamen 1995 weniger ausländische Aussteller nach Samara als im Vorjahr. Für die kommenden Jahre erhofft man sich wieder eine größere internationale Beteiligung.

Italien bat in Samara zu einer Firmenpräsentation unter dem Motto „Italienisches Business 1996". Petrochemie-Messe, Fachmessen für Reklame, Druck und Design oder Sicherheitssysteme stehen auf dem Programm, ebenso Leistungsschauen zur Welt der Computertechnik oder eine eher publikumsbezogene Messe wie „Schönheit und Gesundheit".

 Anschrift der AO EXPO-Wolga:
Moskowskoje Chausee 264, 443125 Samara
Telefon 007/8462/53 45 83

Industrie exportiert mit Erfolg

Samara ist aber auch ein nicht zu vernachlässigender Industriestandort. Hier werden heute international wettbewerbsfähige Produkte hergestellt und mit Erfolg exportiert – trotz Frachtkosten und Zöllen, die die Waren verteuern. Die Samenko AG etwa, ein großer metallverarbeitender Betrieb, installierte mit Hilfe von Schlemann-Simag, einem deutschen Unternehmen, eine automatische Kaltwalzstraße. Dort wird heute etwa die Hälfte aller in der Russischen Föderation hergestellten Walzbleche produziert. Gesucht wird nach Investoren, die die Produktion von Getränkedosen für den russischen Markt auf den Weg bringen.

Eine Kugellagerfabrik und ein Bodenbelag-Hersteller sowie ein Produzent von High-Tech-Kabeln gehören zu den Vorzeigebetrieben in Samara, die weltweit exportieren.

Die Stadt besitzt mehrere Museen

Samara hat auch kuturell einiges zu bieten: Neben einem Opern- und Schauspielhaus eine Staatliche Philharmonie, einen Zirkus und ein Puppentheater. Die Stadt besitzt mehrere Museen, darunter eines für bildende Kunst und ein technisches Museum, das dem Flugwesen und der Raumfahrt gewidmet ist. Eine Städtische Kindergemäldegalerie zählt ebenso zu den Besonderheiten wie das Tolstoj-Museum.

Deutsche sind in Samara willkommen

Die ausländische Kolonie in Samara wächst. Italienische, französische und spanische Geschäftsleute haben hier ihre Zelte aufgeschlagen. Deutsche sind willkommene Gäste. In Samara erinnert man sich an deutsche Ingenieure und Techniker, die unmittelbar nach dem Zweiten Weltkrieg bis zum Anfang der 50er Jahre hier lebten. Die Sowjets holten sich Experten in Sachen Raketentechnik aus Dessau und Staßfurt, wo damals die Gasturbinenwerke von BMW und Junkers angesiedelt waren. Auf diese Weise entstand im Samara-Vorort Kyrawlentscheski eine deutsche Forschungsenklave, in der Wissenschaftler mit ihren Familien lebten, die als besonders pflichtbewußt und korrekt angesehen waren. Deutsche sind in Samara also „vorverkauft".

Unter den Hotels von Samara seien folgende erwähnt:

Oktjabrskaja, Telefon 222808

Rossija, Telefon 390493

Theatralnaja, Telefon 370422

Wolga, Telefon 338796

Shiguli, Telefon 320673

Junostj, Telefon 638521

National-Samara, Telefon 324163

Samara Inturist ist unter der Telefonnummer 336392 zu erreichen, das Touristenzentrum Shiguli unter der Nummer 326050.

69

Wirtschaftliche Rahmenbedingungen (Verträge, Steuern)

Pußland auf dem Weg in die Marktwirtschaft: Der Niedergang des Staatssozialismus brachte nicht das Ende des Wettbewerbs zwischen freiheitlichen und sozialistischen Elementen. So verwundert es nicht, daß unter „Reformen" und „Reformpolitik" durchaus Unterschiedliches verstanden werden kann. Der Ökonom Andrey Illarionow, Chef des Moskauer Institutes für Wirtschaftsanalyse, macht zwei marktwirtschaftliche Modelle aus. Bei dem einen handelt es sich um eine Wirtschaft mit hoher Wettbewerbsintensität, geringen staatlichen Eingriffen sowie einer klaren Trennung von Staat und Wirtschaft.

Das zweite Modell zeichnet sich durch starke Eingriffe des Staates und einen noch immer aufgeblähten Staatssektor aus. Rußland hat sich nach Meinung von Illarionow das zweite Modell zu eigen gemacht und beim Übergang von der Plan- in die Marktwirtschaft dem wettbewerbsorientierten Modell weitgehend den Rücken gekehrt. Es gibt Mindestlöhne, deren Anhebung immer wieder per Gesetz beschlossen wird. Der Präsident steht mit vielen Billionen Rubeln für Sozialleistungen bei seinen Wählern in der Pflicht. Die Staatsschuldenquote – gemessen am Bruttosozialprodukt – ist hoch und Staatsverschuldung schränkt die politische Manövrierfähigkeit ein.

Doch es gibt auch erfreuliche Entwicklungen: Das föderative System Rußlands ist gefestigt. Die Regionen gewinnen zunehmend an Bedeutung. Auf Grund seines großen Wirtschaftspotentials zählt Rußland zu den Zukunftsmärkten und wird in der Welt so gesehen. Was sich daran ablesen läßt, daß das Interesse ausländischer Investoren in jüngster Zeit zunimmt. Die Marktbedingungen stabilisieren sich, der illegale Kapitalabfluß scheint gestoppt. Im Vergleich zu den Vorjahren wurde das Inflationstempo merklich gedrosselt.

Doch wichtige Gesetze, darunter das über eine Steuerreform, die Rußland für ausländische Investoren erheblich attraktiver machen könnten, liegen in den Schubladen. Die Industrieproduktion sinkt, das Defizit im Staatshaushalt steigt, weil immer weniger Steuern gezahlt werden. Die Zahlungskrise in vielen Bereichen der Industrie vergrößert sich.

Grundsätzlich ist das wirtschaftliche Risiko für eine Investitionsentscheidung der wichtigste Faktor. Doch auch andere Faktoren müssen in Betracht gezogen werden. So wirken sich soziale Spannungen innerhalb der Russischen Föderation negativ auf das Geschäftsklima aus. Wirft man in diesem Zusammenhang einen Blick auf die Ausgaben der Regierung für Erziehung und Bildung, medizinische Versorgung und Kultur, dann ist festzustellen: Insgesamt erreichen die

Ausgaben nur rund die Hälfte dessen, was in den meisten westlichen Ländern üblich ist. Die Haushaltsposten werden obendrein immer weiter zusammengestrichen. Russland ist derzeit bemüht, eine Pflichtkrankenversicherung einzuführen.

Rechtsunsicherheit sehr belastend

Alkohol- und Drogensucht nehmen in manchen Gebieten zu, ebenso Arbeitslosigkeit und Kriminalität. In der russischen Hauptstadt soll es praktisch keinen Wirtschaftszweig geben, der nicht von einer Mafiagruppe – slawischer oder tschetschenischer Herkunft – kontrolliert wird. Nicht die einzigste, aber gängigste Form von Wirtschaftskriminalität ist die Schutzgelderpressung. Doch wer im Westen an die Verbrechens-Nachrichten aus der Russischen Föderation gewöhnt ist, dürfte überrascht sein, daß auf der Rangliste der als schwerwiegend empfundenen Probleme Korruption und Schwerkriminalität (wie zum Beispiel Entführung) an die vorletzte und letzte Stelle rutschten, während steuerliche Belastungen, Rechtsunsicherheit und Pannen im Importgüterverkehr die ausländischen Geschäftsleute mittlerweile mehr drücken.

Unterschiede tun sich auf in der Entwicklung regionaler Einkommen im Verhältnis zur Inflationsrate. Während das soziale Umfeld in der Stadt Moskau und in den Industrie- und Wissenschaftsstädten ringsum, als relativ günstig zu bezeichnen ist (was auch für Nishnij Nowgorod und Samara gilt), so ist es in St. Petersburg mehr oder weniger ungünstig.

Ein besonderes Problem stellt auch die wachsende Kriminalität im Geschäftsleben dar und die zunehmende Streikbereitschaft derer, die im Besitz eines Arbeitsplatzes sind. Hier ist die Situation in Moskau und St. Petersburg als „aggressiv" zu bezeichnen, besser schneiden dabei Nishnij Nowgorod und Samara ab.

Lohnausgleich für schlechtere Bedingungen

Die Umweltsituation (Luft-, Wasser- und Bodenschmutzung werden nicht öffentlich diskutiert, stellen aber einen Risikofaktor für einen Investitionsstandort dar) ist in den wichtigsten Wirtschaftsbezirken der Russischen Föderation unterschiedlich. Als „ernsthaft ungünstig" werden danach die Umweltbedingungen in Moskau, Nishnij Nowgorod und St. Petersburg eingestuft. Besser schneiden der Städtekranz rings um Moskau, auch Moskauer Oblast genannt, und Samara im Wolga-Bezirk ab.

Im Bezug auf den Fortgang des Privatisierungsprozesses – der innerhalb der Russischen Föderation sehr uneinheitlich verläuft, je nachdem, ob die regionale Verwaltung sich der Privatisierung gegenüber aufgeschlossen zeigt oder nicht – ist festzustellen: Moskau, die Moskauer Oblast, St. Petersburg und Samara weisen auf diesem Gebiet die größten Erfolge auf. In der Landwirtschaft, im Bauwesen (der Anteil der privaten Bauunternehmer ist in den genannten Gebieten rasch gestiegen), im Transportwesen und beim Wohnungsbestand wurden Privatisierungserfolge erzielt.

Als Entlastung für den Arbeitsmarkt erweist sich generell, daß sich der Produktionsrückgang in jüngster Zeit verlangsamt hat. Demgegenüber setzt sich allerdings der Anstieg des Arbeitskräfteangebots in den meisten Gebieten fort. Bei der Einkommens- und Lohnentwicklung gilt für die Russische Föderation: Je nördlicher, nordöstlicher und östlicher eine Region liegt, desto höher sind die Löhne. Dies ist nicht unbedingt Ausdruck steigender Produktivität. Die Menschen verlangen einen Ausgleich für ein ungünstigeres Klima und die insgesamt schlechteren Arbeits- und Lebensbedingungen. Unter diesem Gesichtspunkt schneiden Moskau und Moskauer Oblast am besten ab, während der Investor in Samara hier ungünstigere Bedingungen vorfindet.

Sowohl die Transport- als auch die Kommunikations-Infrastruktur sind als Entscheidungsfaktoren jeweils gesondert zu betrachten: Straßen- und Schienendichte, geringe Entfernungen zwischen zwei Ansiedlungen, Anzahl der Flughäfen, Qualität des Telefonnetzes sind in Moskau, der Moskauer Oblast und St. Petersburg sehr gut – gemessen am russischen Standard. Die übrigen potentiellen Investitionsstandorte, Nishnij Nowgorod und Samara, verfügen hier über weniger günstige Bedingungen.

Gebiet Nishnij Nowgorod

Das Gebiet um die einstige Rüstungshochburg Nishnij Nowgorod besitzt manche Vorzüge. Die Luft ist hier sauberer als andernorts in Rußland. Etwa 400 Kilometer östlich von Moskau gelegen, wird die Region zum Wolga-Wjatka-Wirtschaftsraum gezählt. Auf einer Fläche von rund 75 000 Quadratkilometern leben hier rund 3,7 Millionen Einwohner in 25 Städten und über 70 städtischen Siedlungen.

Sogenannte industrielle Satellitenstädte liegen rund um die Hauptstadt der Region: Balachna, Sawolshe, Bor, Bogorodsk und Dzershinsk als Zentrum der chemischen Industrie und des Chemieanlagenbaus. Weitere Industriezentren sind Pawlowo mit seiner Autobusproduktion und Arsamas.

Dieser Wirtschaftsraum lebt heute von einer leistungsfähigen industriellen Basis mit hohem Privatisierungsgrad. Seine Infrastruktur ist verhältnismäßig gut entwickelt. Dazu kommen die Erfahrungen eines traditionellen Messeplatzes sowie junge und dynamische Menschen an der Spitze der Gebietsadministration. Diese Administratoren sind daran interessiert, Stadt und Region als zuverlässigen Wirtschaftspartner zu empfehlen. Sie haben längst einen Kurs der Öffnung eingeschlagen, in Richtung der westlichen Industrieländer.

Auslandsinvestitionen weiterhin gering

Doch der Zufluß von ausländischem Kapital in die russische Region Nishnij Nowgorod blieb weit hinter den Erwartungen zurück. Nach Angaben des Gebietskomitees für Statistik betrugen die ausländischen Investitionen 1995 rund 59 Millionen US-Dollar. Der Anteil der Region an den Auslandsinvestitionen in ganz Rußland betrug damit im Jahr 1995 nur circa 3 Prozent und wird der wirtschaftlichen Bedeutung des Gebietes nicht gerecht. In der industriell geprägten Region dominierte einst die Rüstungsindustrie der ehemaligen Sowjetunion.

Durch Konversion und Privatisierung hat die Produktion ziviler Güter aus den Branchen Maschinenbau, Metallverarbeitung, Chemie und Petrochemie sowie Holzwirtschaft an Gewicht gewonnen. Die günstige geographische Lage und das verfügbare Arbeitskräftepotential haben allerdings schon eine Reihe deutscher Unternehmen angelockt, wie zum Beispiel Wella, Herlitz International und Ferrostal.

Investoren aus den USA, Irland und der Ukraine haben 1,4 Milliarden aufgewendet zur Grundkapitalerhöhung in Joint-ventures. Das Auslandskapital floß in 20 Unternehmen. Mehr als 80 Prozent des investierten Kapitals stammen von Krediten internationaler Finanzorganisationen.

Güterverkehr geht über Wasserstraßen

Zu den Vorzügen des Gebietes gehört die Wolga als Schiffahrtsweg, die als größter Strom Europas bei Astrachan ins Kaspische Meer fließt. Der Fluß rückt in der Höhe von Wolgograd dem Don nahe. An dieser Stelle liegen nur 50 Kilometer zwischen den beiden Schiffahrtswegen. Seit 1952 sind sie durch den Wolga-Don-Kanal verbunden, der dem Wolgagebiet eine direkte Anbindung an das Schwarze Meer verschafft. Die Fahrrinnen beider Flüsse sind gut kenntlich gemacht und werden ständig von Sandbänken und anderen Anschwemmungen freigehalten. Ein großer Teil des Güterverkehrs der Region wird über diese beiden Wasserstraßen abgewickelt.

Die einstige Konzentration auf die Rüstungsproduktion brachte eine vergleichsweise moderne technische Ausstattung der Betriebe, die über hochqualifizierte und hochmotivierte Arbeitskräfte verfügen.

Was die Industrieproduktion angeht, so belegt Nishnij Nowgorod den siebten Platz unter den russischen Regionen. Dominierend sind der Automobil- und Flugzeugbau sowie Schiffswerften. Hier wurden (und werden zum Teil noch) Panzer, U-Boote und Jagdflugzeuge gebaut. Daneben sind Unternehmen des Maschinenbaus, der Elektronik, der chemischen und petrochemischen Industrie, der holzverarbeitenden sowie der Papierindustrie zu finden. Etwa 33 Prozent des Papiers, das die Zeitungen der Russischen Föderation verbrauchen, kommt aus dem Gebiet Nishnij Nowgorod. Die Region baut aber auch einen Großteil der Busse für den Öffentlichen Nahverkehr oder Fahrzeuge für die Landwirtschaft.

Aus militärischer Produktion wurde zivile Fertigung

Für Rüstung hat die Russische Föderation nur noch wenig Geld, die Aufträge des Staates gehen zurück. Die militärische Produktion wird, so gut es geht, auf zivile Fertigung umgestellt. Für die Werften und die Flugzeugbau-Unternehmen bringt das die Notwendigkeit, die Fertigung umzustrukturieren. Mehr als 60 Betriebe suchen derzeit nach neuen Produktpaletten. Wo einst Panzer vom Band liefen, werden heute etwa Staubsauger und Waschmaschinen produziert oder technische Ausrüstungen für die Industrie.

Export nach Westen orientiert

Die Exportwirtschaft ist nach Westen orientiert, der Export stieg Mitte der 90er Jahre. Etwa die Hälfte der Warenausfuhr ging in die westlichen Industriestaaten, zwanzig Prozent der Produktion gelangte in andere GUS-Staaten. Die neue Rolle der Außenhandelsbeziehungen spiegelt sich im Ausbau des Binnenzollamtes von Nishnij Nowgorod wider, wo die Anzahl der Mitarbeiter gewaltig stieg.

Seit gute Beziehungen zum Bundesland Nordrhein-Westfalen gepflegt werden, berichten deutsche Beobachter aus der Region. Sie stellen fest, daß der Staat sich aus vielen Bereichen zurückzieht und die Privatisierung der Unternehmen der Region weit vorangeschritten ist. Mit der „kleinen" Privatisierung, die vor allem den Einzelhandel und die Gastronomie betraf, wurde schon Anfang 1992 begonnen, weit früher als in anderen Gebieten Rußlands.

Handel und Gastronomie sind heute weitgehend privatisiert, auch die Bauwirtschaft ist fast vollständig in privater Hand. Aber selbst in den einstigen Rüstungbetrieben, die sich heute mit Fahrzeug- und Schiffsbau beschäftigen, ist die Privatisierung in Gang gekommen. Ganz zu schweigen von der holzverarbeitenden Industrie oder der Papierindustrie.

Die örtliche Handels- und Industriekammer (HIK) kann dem ausländischen Geschäftsmann ausführliche und verläßliche Informationen über die finanzielle Situation von mehr als 1000 Unternehmen des Gebiets zur Verfügung stellen. Dabei macht man Angaben in Punkto Zuverlässigkeit und meint damit wohl auch, daß die als „zuverlässig" eingestuften einer natürlichen Marktbereinigung Stand halten können. Die HIK-Studie führt zahlreiche Mitgliedsfirmen und Unternehmen, zu denen man gute Beziehungen unterhält, als verläßliche Partner auf. Der Vermögensfonds des Gebietes macht ebenfalls Angaben zu einzelnen Unternehmen, die dem potentiellen Investor nütztlich sein können.

Berater ebnen den Weg für Kooperationen

Es gibt mittlerweile auch zahlreiche ausländische Berater in dem Gebiet. So finanziert die Weltbank dort Beratungsprogramme, die International Finance Corporation kümmert sich um die Landwirtschaft, die Osteuropabank arbeitet mit lokalen Kreditinstitutionen zusammen, Franzosen und Deutsche konzentrieren sich auf den Tourismus an der Wolga. Dort fahren mittlerweile auch Dampfer der Köln-Düsseldorfer.

Die Deutsche Industrie Consult (DIC) in Düsseldorf als Beratungsunternehmen der Westdeutschen Landesbank Girozentrale (WestLB) hat die Deutsch-Russische Consult AG (DRC) initiiert, die deutsche Unternehmen den Weg ebnen will, wenn Kooperation mit Firmen aus dem Gebiet Nishnij Nowgorod gewünscht werden. Dabei hilft die DRC auch lokale Unternehmen bei marktwirtschaftlicher Umstrukturierung oder bietet Joint-venture-Beratung an. In Zusammenarbeit mit russischen Experten wurde ein Unternehmenskatalog des Gebietes erarbeitet (bei der DIC Düsseldorf erhältlich), der nach folgenden Branchen gegliedert ist: Leichtindustrie, Nahrungsmittelproduktion, Chemiesektor oder Maschinenbau und Elektronik, Bauwesen, Handel oder Transportwesen. Die Unternehmen, die in dem Katalog aufgeführt sind, suchen nach Möglichkeiten der Kooperation. Dargestellt wird aber auch die derzeitige Lage der verschiedenen Branchen und ihre mögliche künftige Entwicklung. Ergänzt wird die Analyse um die Darstellung der kleinen und mittelständischen Unternehmen, die neu auf dem Markt erschienen sind.

Der DRC übernimmt auch eine Vordenkerrolle bei der Erstellung eines Wirtschaftsentwicklungsplanes für die Städte Bor und Balachna sowie die dazugehörigen Regionen. Die Consult AG bereitet seit einigen Jahren auch regelmäßige Treffen russischer und deutscher Manager vor. Bisher fanden bereits vier solcher Meetings statt, weitere sollen folgen. Die bisherigen DRC-Bemühungen sind von Erfolg gekrönt. So ist beispielsweise die Wella AG nach Dzershinsk gegangen und produziert dort mit einem russischen Partner Haarpflegeprodukte. Das Textilunternehmen Steilmann läßt Kleidungsstücke im Lohnauftrag von einem Bekleidungswerk fertigen.

Adressen:

DIC
Deutsche Industrie Consult GmbH
Parsevalstr. 9b, 40468 Düsseldorf
Telefon 0211/951200, Fax 0211/9512100

Handels- und Industriekammer Obere Wolga
ul. Ljadowa 21a, 603 005 Nishnij Nowgorod
(Vorwahl Nishnij Nowgorod von Deutschland aus: 007/8312)
Telefon 366358, Fax 367616

Gebietsverwaltung von Nishnij Nowgorod Kremlin 1
603082 Nishnij Nowgorod
Telefon 391012, Fax 390629
Abteilung für Außenwirtschaftsbeziehungen
Telefon 391510, Fax 390450

Registrierung der Joint-ventures
und Betriebe mit ausländischem Kapital
Telefon 390808

Deutsch-Russische Consult AG
ul. Iljinskaja 65. Geb. 1 , 603600 Nishnij Nowgorod
Telefon/Fax 343075

Vertreter des Außenministeriums der Russischen Föderation
in Nishnij Nowgorod
Telefon 391328, Fax 391352

Bevollmächtigter des Ministeriums
für Außenwirtschaftsbeziehungen im Gebiet Nishnij Nowgorod
Telefon 33 32 18

 Stadtverwaltung Nishnij Nowgorod
Abteilung für Ausländische Investitionen des regionalen Ausschusses
für die Verwaltung Beweglichen Vermögens
Telefon 39 18 81, Fax 39 19 64

 Vermögensfonds des Gebietes
Telefon 33 23 41

 Institut für Wirtschaftliche Entwicklung
Telefon 37 22 33, Fax 37 22 27

Rohstoffsektor auf Investorensuche

Die Region Nishnij Nowgorod verfügt über rund 100 verschiedene Rohstoffe, die hauptsächlich in der Bau- und Landwirtschaft zur Anwendung kommen. Dazu gehören Gips, Anhydrit, Ton, Sande, Kies, Schotter, Torf und Dolomit. Die Förderung vieler Rohstoffe ist jedoch gesunken und die Erschließung neuer Lagerstätten kommt wegen fehlender Geldmittel nicht voran. Die Gebietsadministration versucht, durch Vergabe von Förderlizenzen an einheimische Betriebe Kapital zu mobilisieren. Aber die eigenen Unternehmen sind nicht finanzkräftig genug und suchen nun Partner im Ausland.

Die Gründe für den Rückgang der Rohstofförderung sind sowohl die rückläufige Bautätigkeit als auch die fehlenden Finanzmittel.

Die Bereitstellung von Geldern für geologische Arbeiten aus den föderalen und örtlichen Budgets ist seit 1991 auf ein Sechstel gesunken. Das führte z. B. dazu, daß der größte Glasbetrieb der Region Sande aus dem Gebiet Uljanowsk bei Moskau kauft, obwohl ausreichend eigene Rohstoffvorkommen vorhanden sind. Ähnlich geht es dem Produzenten für kaustische Soda AO Kaprolaktam aus Dserschinsk. Er bezieht die Ausgangsstoffe aus dem entfernten See Baskuntschak, denn die Koch- und Steinsalze aus dem näher gelegenen Gebiet Kowerninskii werden nicht abgebaut.

Bisher wenig Effekte brachte auch die 1993 vergebene Lizenz für die Titan- und Zirkonvorkommen in den Bezirken Gaginskii und Lukojanowskii. Lizenzinhaber ist die russische Gesellschaft Geostar, die nun für die Errichtung eines Bergbau-Aufbereitungswerkes Investoren sucht.

Für Investoren von Interesse können auch die zahlreichen Diamantvorkommen im Bezirk Kowerninskii sein. Die Diamanten eignen sich zwar nicht für Schmuckindustrie, können aber für industrielle Zwecke oder als Diamantstaub verwendet werden. Die Vergabe von Förderlizenzen bedarf auch der Zustimmung des Föderalen Komitees für Geologie und Nutzung von Bodenschätzen.

Kontaktanschriften:

Komitee für Geologie und Bodenschätze (Geolkom)
ul. Masljakowa, Haus 4/2, 1. Etage, 603 600 Nishnij Nowgorod
Telefon 007/8312/337403, 343743

Geostar
ul. Wanejewa 127, 603105 Nishnij Nowgorod
Telefon 007/8312/359928, Fax 359832

Exporte nach Rußland

Die Umstrukturierung der Wirtschaft in den ehemaligen Sowjetrepubliken wirft für den Exporteur ein im Osthandel neues Problem auf, das der Bonität des Kunden. Solange Aufträge ausschließlich als Staatsgeschäfte abgewickelt wurden, bestand für den Exporteur kein Risiko. Nun treten aber immer mehr selbständige Unternehmen als Käufer auf, deren Kapitalausstattung häufig sehr gering ist. Da es jedoch Auskunfteien, die westlichen vergleichbar wären, noch nicht gibt, muß der Exporteur unbedingt erhöhte Vorsicht walten lassen. Bonitätsauskünfte sind nur bei russischen Handels- und Industriekammern zu erhalten.

Für Exporteure ist zu beachten: Nach den geltenden Bestimmungen müssen 50 Prozent der Exporterlöse jeweils innerhalb von sieben Tagen nach Eingang auf den Konten an einer Devisenbörse verkauft werden. Die andere Hälfte kann frei am Markt gehandelt werden. Die Verwendung von Hartwährung als Barzahlungsmittel im Binnenhandel ist verboten. Den Unternehmen ist es gesetzlich untersagt, Verträge in Fremdwährung mit russischen Kunden abzuschließen.

Von Lieferung auf offene Rechnung wird abgeraten. Die Zahlungsbedingungen können frei vereinbart werden. Geliefert werden sollte grundsätzlich nur auf Basis bestätigter Akkreditive oder gegen Vorauszahlung von 35 bis 45 Prozent des Warenwertes. Nur nach guten Erfahrungen kann auf „Kasse gegen Dokumente" übergegangen werden, wobei allerdings noch das Restrisiko der Nichteinlösung zu bedenken ist.

Angesichts der schwierigen Devisenlage in Rußland dürften sogenannte „Bartergeschäfte" auch in absehbarer Zukunft weiter eine große Rolle im Außenhandel spielen. Es existieren jetzt gesetzliche Kontrollbestimmungen für solche Kompensationsgeschäfte.

Produkthaftung des Herstellers

Für fast alle Exporte sind Packlisten erforderlich (in fünffacher Ausfertigung). Die Listen müssen alle Packstücke mit Inhalt, Gewicht usw. aufführen. Verlangt wird häufig ein Garantieschreiben des Exporteurs. Er muß versichern, daß die gelieferte Ware in voller Übereinstimmung mit den Einzelheiten des Kaufvertrages hergestellt wurde; daß er für Mängel an den gelieferten Waren für eine gewisse Zeit haftet. [Das russische Verbraucherschutzgesetz enthält u. a. auch Vorschriften zur Produkthaftung. Danach haftet der Hersteller bzw. ausführende Unternehmer in vollem Umfang (und ohne Bagatell- oder Höchstgrenze bei Schadenersatzforderungen), sofern nicht ein mitwirkendes Verschulden des Verbrauchers vorliegt. Dem Verbraucherschutz dienen auch die Vorschriften der Pflichtzertifizierung vieler Waren, deren Übereinstimmung mit russischen Normen und Sicherheitsanforderungen hinsichtlich Schutz von Gesundheit, Leben, Eigentum und Umwelt gewährleistet werden soll.] Alle Waren sind mit dem Ursprungsland zu kennzeichnen. Erwünscht ist ebenfalls eine Ursprungsangabe auf Prospekten und Gebrauchsanweisungen.

Ursprungszeugnisse sollten beigefügt werden. Handelsrechnungen werden zweifach, unbeglaubigt und mit rechtsgültiger Unterschrift versehen, verlangt. Die Rechnungen müssen die üblichen Angaben enthalten: Name und Anschrift von Verkäufer und Käufer, Datum und Nummer des Vertragsabschlusses, Lieferbedingungen, Netto- und Bruttogewichte, Marke, Nummern, Anzahl und Art der Packstücke, genaue Warenbezeichnung einschließlich Zolltarifnummer, Einzel- und Gesamtpreis, Inlandsfracht, Skonto, Ursprungsland.

Sicherheitszertifikat für bestimmte Warengruppen

Bestimmte Warengruppen, hauptsächlich Lebensmittel und Konsumgüter, müssen von einem Sicherheitszertifikat begleitet sein, das von dem staatlichen russischen Komitee für Normung, Metrologie und Zertifizierung (GOST) anerkannt wird. Grundlage der Zertifizierung ist ein Warenverzeichnis, das von Zeit zu Zeit überarbeitet wird. Darin enthalten sind unter anderem Lebensmittel, ferner Güter aus den Sektoren Maschinenbau, Elektronik, Medizintechnik, Leichtindustrie, Holzverarbeitung, Verpackungsmittel, Veterinärpräparate sowie Dienstleistungen für Reparatur und Wartung.

Bei den betreffenden Waren muß in den jeweiligen Liefervertrag ein Passus über Vorlage eines Zertifikats aufgenommen werden. Das Zertifikat wird als Original in Russisch ausgestellt, für Zollabfertigung und -kontrolle ist eine beglaubigte Kopie erforderlich. Ausgenommen von der Zertifizierungspflicht sind Einfuhren diplomatischer Vertretungen sowie der nicht-kommerzielle Reiseverkehr. In Deutschland ist u. a. die DIN GOST TÜV Berlin-Brandenburg, Gesellschaft für Zertifizierung in Europa mbH, Wallstr. 16, 10179 Berlin, zur Vergabe der Zertifikate berechtigt. Der TÜV Rheinland bietet als Service in Zusammenarbeit mit der GOST deutschen Firmen eine standortnahe Ausstellung der Zertifikate an.

Postsendungen erfordern eine internationale Paketkarte und zwei Zollinhaltserklärungen (in russischer, französischer oder deutscher Sprache). Das Höchstgewicht beträgt 10 Kilo. Die Anschrift auf Paket und Paketkarte muß mit lateinischen Buchstaben geschrieben sein. Erforderlich ist die Angabe der Postleitzahl des Bestimmungsortes und möglichst auch des Bezirks. Bahnsendungen erfordern einen internationalen Frachtbrief.

Warenmuster sind grundsätzlich abgabenfrei. Muster ohne Handelswert dürfen nur zu Analysezwecken verwendet werden und erfordern keine Einfuhrgenehmigung. Muster mit Handelswert sowie Berufsausrüstungen, Messewaren und bestimmte Güterarten (zum Beispiel medizinische Ausrüstungen) können vorübergehend gegen Sicherheitsleistung abgabenfrei eingeführt werden. Die Wiederausfuhrfrist beträgt ein Jahr.

Nowgorod Stadt

Als Rüstungshochburg der ehemaligen Sowjetunion war Nishnij Nowgorod bis 1991 eine „gesperrte" Stadt – für Ausländer nicht zu betreten.
Für Sowjetbürger konnte die Stadt Verbannung bedeuten. Dissidenten
wurden nach Gorkij geschickt und hier vor der Weltöffentlichkeit verborgen, so
der Physiker Andrej Sacharow. Nishnij Nowgorod wurde 1932 zu Ehren des
Schriftstellers Maxim Gorkij und doch gegen dessen Willen in Gorkij umbenannt. Inzwischen hat die Stadt wieder ihren alten Namen erhalten.

Nishnij Nowgorod war ursprünglich die östlichste Festung der Russischen Föderation. Ein gewaltiger Kreml mit seinen Türmen prägt noch heute das Stadtbild.
Doch die Stadt war vor allem einst das größte russische Handelszentrum. So
nimmt man an, daß Nishnij Nowgoroder Kaufleute die ersten ausländischen
Händler in Leipzig waren – eine Stadt, mit der man heute verschwistert ist.

Auf dem Weg zur Messestadt Nummer eins

Die Messestadt Nishnij Nowgorod besitzt eine 150jährige Tradition. Am Ende
des 19. Jahrhunderts bildete die Messe in Nishnij Nowgorod eine Stadt für sich,
mit Lagern, Restaurants und Hotels, Maklerkontoren, Banken und Theatern.
Hier wurden die Weltmarktpreise für Getreide, Metalle und viele anderen Waren
festgelegt.

Die Messebanken von Nishnij Nowgorod erreichten zu Beginn unseres Jahrhunderts 300 Millionen Rubel Jahresumsatz. Die Stadt war damals so reich, daß sie
den Beinamen „Geldtasche Rußlands" trug. Damit war es 1932 vorbei, als die
Umbennung in Gorkij kam und Fremden der Zutritt verboten wurde. In einer
„geschlossenen Stadt" verloren Messen jeden Sinn.

Heute sind Messen in Nishnij Nowgorod mehr als eine Leistungsschau der verschiedenen industriellen Bereiche, sie sind auch für Marktübersicht und Kontakte gut. Immerhin hat sich die Stadt seit 1991 zum drittwichtigsten Handels- und
Ausstellungszentrum nach Moskau und St. Petersburg entwickelt. Seither fanden hier mehr als hundert Messen statt. Allein im Jahr 1995 wurden bei Ausstellungen Verträge im Wert von über drei Milliarden Dollar abgeschlossen. Die
Geschäftspartner kommen aus allen Teilen der Welt, selbstverständlich sind
auch viele deutsche darunter. Durch die lange „Atempause" hat die Nishnij
Nowgoroder Messegesellschaft einigen Nachholbedarf. Aber inzwischen besitzt
man alle Voraussetzungen, um wieder Rußlands Messestadt Nummer eins zu
werden.

Es gibt ein relativ gut ausgestattetes Messegelände, daß sich an internationalen
Gepflogenheiten orientiert, was die Gestaltung der Preise pro Quadratmeter

Ausstellungsfäche angeht. Verlangte man Anfang 1993 noch 125 Dollar pro Quadratmeter, ist mittlerweile die doppelte Summe fällig. Wobei es immer noch üblich ist, für die Messeteilnahme mit Ausstellungsmustern zu bezahlen. Das gilt vor allem für Computer, Büroausstattungen und Haushaltsartikel, an denen ein großer Bedarf besteht. Allerdings ist diese Form der Bezahlung vorher mit der Messedirektion zu vereinbaren – die in dem ein oder anderen Fall an Devisen stärker interessiert ist als an Ausstellungsmustern. Die Messegesellschaft hilft die Abfertigung der Güter – die deklariert werden müssen – im Binnenzollamt zu beschleunigen.

Wer nicht verhandlungssicher Russisch spricht, braucht einen qualifizierten Dolmetscher während des Messerundgangs. Der kann mit rund 100 Dollar pro Tag zu Buch schlagen. Die Messeveranstalter stellen auch Wagen mit Fahrer für 100 Dollar pro Tag zur Verfügung.

Es ist auch möglich, als Anbieter ohne eigenen Messestand auf einer der Messen aufzutreten. Gegen eine Gebühr von rund 500 Dollar wird das Unternehmen in diesem Fall in den Messekatalog eingetragen und mit allen Messeunterlagen versorgt. Auch werden Kontakte zu anderen Messeteilnehmern sowie örtlichen Betrieben und Einrichtungen vermittelt.

Steuervergünstigungen in freier Wirtschaftszone

Langfristige Steuervergünstigungen sollen Investoren bewegen, in Nishnij Nowgorod ihr Geld anzulegen. Sogenannte „regionale Produktionszonen" sind de facto freie Wirtschaftszonen. Die Steuervergünstigungen für Unternehmen, die dort angesiedelt sind oder sich ansiedeln, werden von der russischen Regerung, dem Staatlichen Zollkomitee und der gesetzgebenden Versammlung des Gebietes Nishnij Nowgorod garantiert.

Ausgangspunkt für die Entscheidung war, jene Betriebe, die unter dem Rückgang der Rüstungsproduktion besonders zu leiden hatten, den Übergang zur zivilen Marktwirtschaft zu erleichern. In der „regionalen Produktionszone" ist derzeit „Salut" angesiedelt, spezialisiert auf die Entwicklung und Herstellung von Halbleitern und Elektrovakuumgeräten, die Aktiengesellschaft „Petrowski-Werk", die Haushaltstechnik und Radioelektronik herstellt, und schließlich „Lasur", eine offene Aktiengesellschaft, die ebenfalls auf die Entwicklung und Produktion von Radioelektronik spezialisiert ist.

In den „regionalen Produktionszonen" sind Hauptniederlassungen von Joint-venture-Betrieben einzurichten. Die Investition in ein Unternehmen bringt den Vorteil der vollen Steuerbefreiung bis 1999, die an das Gebiet, die Stadt oder den Bezirk zu zahlen wären. Bis 1999 wird ein zinsgünstiger Investitionskredit in Höhe jener Steuern, die an den russischen Staatshaushalt abzuführen sind, bereitgestellt. In der „regionalen Produktionszone" werden Zollfreilager eingerichtet, zur Aufbewahrung und Verarbeitung von Waren, die nach Rußland eingeführt wurden oder für den Export aus Rußland bestimmt sind. Für diese Waren entfällt die übliche Zollvorauszahlung. Die investierten Mittel können schließlich zum Kauf gemieteter Flächen oder Ausrüstungen verwandt werden.

Interessenten richten einen Antrag an den Koordinationsrat für die freie Wirtschaftszone. Das Entscheidungsgremium vergibt Zuschläge auch danach, wie viele Arbeitsplätze neu geschaffen werden und welchen Beitrag das Unternehmen zur Entwicklung der Produktion in der Region leisten kann.

Nishnij Nowgorod – das russische Detroit

Das Leben in der Stadt Nishnij Nowgorod wird von der Fahrzeugindustrie geprägt – wie in der amerikanischen Automobilbau-Metropole Detroit. Mittlerweile ist die Aktiengesellschaft „GAZ" der größte Pkw-Hersteller Rußlands und mit 110 000 Mitarbeitern eines der größten europäischen Unternehmen überhaupt. „GAZ" beschäftigt kaum Zulieferbetriebe, sondern stellt praktisch alle Teile, die für den Automobilbau benötig werden, selbst her.

„GAZ" baut – mit Hirschwappen auf dem Kühlergrill – den „Wolga", einen Personenwagen, den Kleintransporter „GAZelle" und den Lastkraftwagen „GAS". Ende 1995 rollte das 15millionste Fahrzeug vom Band.

Über ein Drittel der Montagearbeiten werden noch von Hand ausgeführt. Allerdings gibt es auch Rationalisierungsbemühungen, die jedoch nicht zu einer Verringerung der Zahl der Arbeitskräfte führen werden. Denn man will bis zum Jahr 2000 den Ausstoß an Personenkraftwagen verdoppeln und auf diese Weise schätzungsweise 100 000 neue Arbeitsplätze schaffen.

Besonders schnell wächst in Rußland mit der Entstehung von immer neuen Klein- und Mittelbetrieben der Bedarf an Kleintransportern, wie ihn „GAZelle" darstellt. Noch wird das Fahrzeug in vielen Varianten bei „GAZ" gebaut. In Zukunft will sich die Aktiengesellschaft darauf beschränken, das Basismodul zu fertigen. Zulieferbetriebe sollen dann den Endausbau zu dem vom Kunden gewünschten Modell übernehmen.

Aktivitäten des Auslandes

Mitte 1993 gab es 33 Joint-ventures in Nishnij Nowgorod mit einem Stammkapital von 213 Millionen Rubel. Rund 85 Prozent des Kapitals werden von ausländischen Partnern gestellt. Neun Firmen haben Partner in westlichen Ländern, 13 in Osteuropa und die restlichen in Entwicklungsländern. Im produktiven Bereich sind 13 Joint-Ventures tätig. Die Produktpalette ist vielfältig. Zusammen mit einer österreichischen Firma werden Aluminiumerzeugnisse und Naturstein-platten hergestellt. Aus Singapur stammt der Partner für die Produktion von Personalcomputern, aus Kuwait der für Holzwaren. Mit einer koreanischen Firma zusammen werden Fräsmaschinen gebaut, mit einem Schweizer Unternehmen Speiseeis hergestellt. Mit einem indischen Unternehmen fertigt man Lederwaren.

Daneben gibt es vielfältige Beispiele der Lohnfertigung. So erzeugt die Firma Hydromasch Fahrgestelle und Flugzeugteile für Menasko (USA). Die wissenschaftliche Produktionsvereinigung Flug hat mit Ferroterm International (USA) ein Abkommen zur Produktion von Medizintechnik geschlossen. Das Werk Uljanow liefert Gerätesätze an ein schweizerisches Unternehmen und erhält dafür Werkbänke und Ausrüstungen. Die Standard (USA) wird mit Flugzeugteilen und die LOT (Polen) mit Flugzeugersatzteilen durch die Produktionsvereinigung „Wärmeaustausch" versorgt.

Die US-amerikanische Agentur für internationale Entwicklung gewährt der Stadt einen Kredit von 11 Millionen Dollar für das Projekt „Kommunale Finanzierung und Verwaltung". Damit soll ein computergesteuertes Finanzsystem in der Stadt geschaffen werden, welches das Finanzdepartment der örtlichen Administration, die Finanzämter und die Geschäftsbanken vereint.

Kontakte zu Nordrhein-Westfalen

Zwischen der Westdeutschen Landesbank Girozentrale (WestLB) und der Administration von Nishnij Nowgorod wurde im Juni 1993 ein Beratungsprogramm abgeschlossen. Ende des vergangenen Jahres hat das Beratungsunternehmen der WestLB, die Deutsche Industrie Consult GmbH (DIC) mit sechs russischen Gesellschaftern aus dem Gebiet die Deutsch-Russische-Consult AG (DRC) gegründet. Am Gesamtkapital von 73 Millionen Rubeln ist die DIC mit 51 Prozent beteiligt. Die Partner auf russischer Seite sind die Administration von Nishnij Nowgorod, das Komitee für Vermögensverwaltung des Gebietes, die Nishnij Nowgoroder Trustcompanie, die Industrievereinigung Zavod Krasnoje Sormovo-AG (Werft für Atom-U-Boote), die Industrie- und Kommerz-Awtowasbank sowie eine weitere Bank.

Neben der Unterstützung deutscher, aber auch internationaler Unternehmen bei deren Kontakten mit dem Gebiet geht es der DRC auch um die Hilfe für lokale Unternehmen bei der marktwirtschaftlichen Umstrukturierung, insbesondere der Umstellung der Rüstungsindustrie auf zivile Produktion.

Zum Leistungsspektrum der DRC gehören:
– Unternehmensführungs-, Marketing- und Absatzkonzeptionen
– Informations-, Organisations- und Personalmanagement sowie Controlling

– Technologietransfer und Innovationen
– Expertenaustausch und Fortbildungsprojekte
– Kontaktvermittlungen und Joint-venture-Beratung sowie Mergers & Acquisitions

Adresse:

DIC
Deutsche Industrie Consult GmbH
Parsevalstr. 9b, 40468 Düsseldorf
Telefon 0211/951200 Fax 9512100

Weitere Aktivitäten der DRC sind die Erstellung von Wirtschafts- und Verwaltungskonzepten für die Städte/Bezirke Bor und Balachna, vielfältige Ausbildungsmaßnahmen im Gebiet bzw. Schulungen russischer Manager oder Vertreter von Multiplikatoren in Deutschland sowie die Durchführung von deutsch-russischen Unternehmertreffen.

Erste deutsche Firmen sind vor Ort aktiv: die Wella AG ist nach Dzershinsk gegangen und produziert mit Caprolactam Haarkosmetik, das Textilunternehmen Steilmann vergab einen Lohnauftrag für das Fertigen von Hosen, Blazern und Mänteln an das Bekleidungswerk Majak, die Herlitz International Trading läßt seit Ende 1992 Zeitungspapier in Nishnij Nowgorod produzieren, welches vornehmlich für den Absatz in Drittländern bestimmt ist.

Adressen:
(Vorwahl Nishnij Nowgorod von Deutschland aus: 007/8312)

Nishnij Nowgorod Trade Fair
ul. Sownarkomowskaja 13, 603 086 Nishnij Nowgorod
Telefon 44455 , Fax 443404

Stadtverwaltung Nishnij Nowgorod
Telefon 391506

Abteilung für ausländische Investitionen
Telefon 391881, Fax 391964

Binnenzollamt
Telefon 335725

Institut für Wirtschaftliche Entwicklung
Telefon 372233, Fax 372227

Deutsch-Russische Consult AG
ul. Iljinskaja 65
Telefon und Fax 34 30 75

Vertreter des Außenministeriums
der Russischen Föderation in Nishnij Nowgorod
Telefon 39 13 28, Fax 39 13 52

Hotels in Nishnij Nowgorod:

Oktjabrskaja, Obere-Wolga-Ufer-Str. 9a, Telefon 32 06 70

Zarechnaja, Lenin Prospekt 36, Telefon 52 49 40

Oka, Gagarin Prospekt 27, Telefon 65 86 40

Nishegorodskaja, Zalomov-Str. 2, Telefon 31 23 88

Rossija, Obere-Wolga-Ufer-Str. 2a, Telefon 39 19 71

Sormovskaja, Komintern-Str. 117, Telefon 23 12 57

Zentralnaja, Leninplatz 1, Telefon 44 42 70

Rundgang durch die Innenstadt

Bei einem Rundgang durch die Innenstadt kommt man an der Gorkij-Gedenk-
stätte vorbei. Es ist das Haus, in dem der Handwerkersohn (1868 – 1936) seine
Kindheit verbrachte. Als Autodidakt eignete er sich umfangreiches Wissen an,
nachdem man ihm das Studium verweigert hatte. 1891 unternahm er lange Wan-
derungen durch Rußland, kehrte dann aber in seine Heimatstadt zurück und begann zu schreiben. Er wurde Mitbegründer des sozialistischen Realismus. Gorkij
blieb trotz seiner Freundschaft mit Lenin Kritiker der kommunistischen Gesellschaft.

Sehenswert ist auch der Kreml von Nishnij Nowgorod, mit dessen Bau 1374 begonnen wurde. Ein Moskauer Meister vollendete das Werk 1511. Die Festung
erhebt sich über einen Steilhang. Man hat von hier aus einen herrlichen Blick auf
die Stadt und die Mündung des Oka in die Wolga. Eine Mauer umgibt den
Kreml, die noch von elf Türmen geschmückt wird. Zwei sind mittlerweile ver-
fallen. Besonders sehenswert ist der Uhrturm, auf dem einst Wache geschoben
wurde. Innerhalb der Kreml-Mauern liegt die Erzengel-Kathedrale, die mit wertvollen Fresken geschmückt ist und einen prächtigen mittelalterlichen Altar besitzt.

Eines der herausragenden Werke des russischen Jugendstils ist das Handelshaus, zu Beginn dieses Jahrhunderts errichtet. Es erinnert an den Jahrmarkt von Nishnij Nowgorod: Darunter darf man eine altrussische Handelsmesse verstehen, auf der Tausende von Händlern alljährlich ihre Stände aufschlugen.

Ausflugsziele in der Umgebung

Am reizvollsten ist es, das Herz Rußlands von der Wolga aus zu erkunden. Zahlreiche Veranstalter, darunter auch deutsche, bieten Schiffsreisen an. Man besteigt die Dampfer in Nishnij Nowgorod und läßt grüne Landschaften an sich vorbeiziehen und erreicht Städte wie Kazan (um den historischen Stadtkern liegen Villen im Stil des russischen Barocks), Uljanovsk an einer besonders breiten Stelle der Wolga (hier lebte und wirkte Lenin), oder Volgograd, das ehemalige Stalingrad. Die Stadt wurde nach Kriegsende völlig neu aufgebaut, Zeugen der Vergangenheit – etwa Kirchen und Klöster – sucht man hier vergebens.

Die Wolga-Dampfer fahren bei Nacht, tagsüber haben die Touristen Gelegenheit, zu Städtebesichtigungen. Die Schiffe sind meist recht modern und die Kabinen bequem ausgestattet. Von Frühjahr bis Herbst verkehren auf der Wolga auch schnelle Tragflügelboote.

Portfolio-Anlagen
für deutsche Investoren

Hohe Risiken dämpfen die Euphorie

Бis zum Jahr 2000 wird sich die Wirtschaft der Russischen Föderation weiter erholen. Die Gründe dafür sind ein gesteigerter Privatkonsum und ein Anstieg der Investitionen. Man erwartet eine sinkende Inflationsrate und eine Steigerung der Kaufkraft des Rubels.

Das Bruttoinlandsprodukt (BIP) im ersten Quartal 1996 ist im Vergleich zum Vorjahr um drei Prozent gefallen, Kapitalinvestitionen sind um zehn Prozent und die Industrieproduktion um vier Prozent gesunken. Die Prognose für das BIP-Wachstum liegt bei einem Prozent für 1996, verglichen mit minus vier Prozent im Jahr 1995.

Der wirtschaftliche Wendepunkt wird jedoch erst für 1997 erwartet, dann soll die Wachstumsrate bei etwa vier Prozent liegen. Für die Jahre 1998 bis 2000 werden Jahreswachstumsraten von fünf bis sechs Prozent prognostiziert. Steigender Konsum wird als Initialzündung für das zu erwartende Wirtschaftswachstum gesehen. Auch sinkende Inflationsraten, ein stabilerer Rubel und moderates Investitionswachstum werden zur wirtschaftlichen Erholung beitragen.

Geringere Einnahmen haben die öffentlichen Ausgaben bereits auf 75 Prozent des geplanten Budgets zurückfallen lassen. Alle öffentlichen Investitionen wurden im ersten Quartal 1996 eingefroren, damit die Löhne und Gehälter ausbezahlt werden konnten. In den restlichen drei Quartalen wird der öffentliche Sektor wieder vorsichtig investieren. Für das Jahr 1996 erwartet man eine Gesamtinflationsrate von 60 bis 65 Prozent. Dieser Wert soll 1997 auf etwa 35 Prozent gedrückt werden, um im Jahr 2000 bei etwa 20 Prozent zu liegen.

Es ist zu erwarten, daß der Gesetzgeber das Investitionsklima verbessern wird. (Für die Jahre 1996 bis 2000 rechnen Experten mit ausländischen Gesamtinvestitionen bis zu 27 Milliarden Dollar.) Die neue Geldpolitik der Zentralbank scheint sich zu bewähren, der Rubel „zieht mit" und bewegt sich mit seinen täglichen Schwankungen innerhalb der vorgesehenen Bandbreite. Diese „craling peg" – die nach oben kriechende Bandbreite – sieht vor, den Rubel bis Ende 1996 pro Monat um 1,5 Prozent zu entwerten. Diese Entwertung liegt jedoch unter der Inflationsrate. Experten glauben, daß der Rubel auch infolge der gestiegenen politischen Sicherheit stabiler wird.

Nach dem Sieg von Boris Jelzin bei den Präsidentschafts-Wahlen in Rußland kam es an den Börsen zu Gewinnmitnahmen. Frei nach dem alten Börsenmotto

„Buy the rumor, sell the fact" – „Kaufen sie das Gerücht, verkaufen Sie, wenn das Gerücht Tatsache ist".

Viele hoffen auf einem Boom am russischen Wertpapiermarkt: Dieser besteht aus drei großen Segmenten – dem Verkauf von staatlichen Anteilen und Aktienpaketen, den sekundären Versteigerungen sowie Transaktionen mit Aktien. Portfolioinvestoren sehen sich auf dem Markt der Obligationen der Staatsschatzkammer (GKO) um. Hier geht es geordnet zu, der Ertrag der Staatsanleihen ist relativ hoch. Diese Wertpapiere sind obendrein sicherer. Sobald die Zentralbank sowohl den Diskontsatz als auch den Normativ-Ertrag der GKO senkt, hat der GKO-Markt in den Augen der Investoren keine deutlichen Vorzüge mehr. Dann wird ein Teil der Finanzmittel auf den Aktienmarkt umgelenkt.

Im Jahr 1995 gab es durch den Tiefstand, den der Wertpapiermarkt erlebte, eine massenhafte Versteigerung staatseigener Aktienpakete. Die Föderative Wertpapiergesellschaft (FFK) hat allrussische und interregional spezialisierte Auktionen durchgeführt, auf denen Aktienpakete von führenden russischen Unternehmen versteigert wurden. Darunter Aktienpakete von „Edinaja Energosystema" („Einheitliches Energiesystem"), der Ostsibirische Erdölgesellschaft oder der Erdölgesellschaft SIDANKO, des Wyborger Zellulose- und Papierkombinats oder der Noworossijker Reederei. Diese FFK-Auktionen gehen weiter, sie werden in vielen russischen Regionen durchgeführt.

Aktien der Unternehmen oft unterbewertet

Experten sind sich einig, daß die Aktien der meisten russischen Unternehmen unterbewertet sind. Trotzdem gelingt es bei den Versteigerungen für gewöhnlich, einen Preis pro Aktie zu erzielen, der dreimal höher liegt als der Nominalwert. Die an der Berliner Börse gegenwärtig am meisten nachgefragten Werte sind die des russischen Ölgiganten Lukoil und des Moskauer Energieunternehmens Mosenergo. Neu an der Berliner Börse eingeführt sind auch Aktien von Seversky Tube Works, ein Zuliefererbetrieb von Öl- und Gasröhren, der Brauerei Sun Brewing und des kleineren Ölunternehmens Chernogoneft. Hinzu kommen handelbare Werte des Telekommunikationsunternehmens St. Petersburg Long Distance und der Fond des Schweizer Privatbankiers Pictet „First Russian Frontiers Fund."

Wie die FFK feststellt, gibt es unter den deutschen Investoren selten solche mit Portfoliointeressen, branchenbezogenen Investitionsinteressen herrschen vor. Mittlerweile interessieren sich auch Großinvestoren, darunter Investitionsbanken und -fonds, für die Aktienpakete der FFK. So hat man bereits ein Ankaufportfolio von Aktienpaketen russischer Unternehmen zusammengestellt.

Um die Position der Föderativen Wertpapiergesellschaft am russischen Wertpapiermarkt zu definieren: Sie agiert als staatlicher Broker und auch als Investitionsberater. Unter den Klienten des FFK sind in erster Linie der Russische Fonds für Föderatives Vermögen sowie regionale Fonds zu nennen. Die FFK hilft bei der Bildung von Aktienkapial.

Staatliche Sparfonds werden attraktiv

Der Markt der Obligationen des Russischen Staatlichen Sparfonds entwickelt sich intensiv und verspricht in der nächsten Zeit für viele attraktiv zu werden: Stabiles Ertragswachstum und hundertprozentige Liquidität gestatten, diese Form der staatlichen Wertpapiere als Investitionsobjekt zu nutzen, ebenso zur Kreditsicherung wie auch als Zahlungsmittel. Der Börsenhandel mit dem Sparfonds ist nicht zuletzt deshalb interessant, weil hier die Preise um ein bis zwei Prozent niedriger sind als bei den Banken, aber die Liquidität höher. Durch ihre Attraktivität und vollkommene Operationsfreiheit beim Kauf und Verkauf werden die Papiere sowohl von den Banken als auch von Investgesellschaften abgenommen. Selbst bei vorsichtiger Bewertung bringt eine Dreimonatsanlage circa 40 Prozent Zinsen per anno in Valuta. Zum Vergleich: auf Termin-Depositareinlagen gibt es bei „guten" Moskauer Banken lediglich 15 bis 20 Prozent Jahreszinsen.

Anleger, die sich für die immer zahlreicheren Osteuropa-Fonds interessieren, sollten sich über das hohe Risiko im Klaren sein. Alle Experten, darunter die großen Banken, weisen darauf hin, daß Investoren in Rußland einen überdurchschnittlich langen Anlage-Horizont mitbringen sollten. Denn trotz des pognostizierten Wirtschaftswachstums in verschiedenen Regionen wird es noch Jahre dauern, bis Rußland den Anschluß an den Westen findet.

Region St. Petersburg

Wirtschaftsprofil des Gebietes um Nowgorod

Ct. Petersburg, das älteste moderne Industriezentrum Rußlands, ist mit seinem Hinterland durch Flüsse und Kanäle verbunden. Die Landschwelle zwischen den Flußgebieten der Newa und der Wolga wird mittels des Wolga-Ostsee-Systems überwunden. Das Kanalsystem mit einer Länge von 361 Kilometern trat an die Stelle des veralteten, nur kleineren Schiffen zugänglichen Mariinskij-Kanals. So können auch große, moderne Schiffe von St. Petersburg durch Zentralrußland – mit Abzweig nach Moskau – über die Wolga ins Kaspische Meer und durch den Wolga-Don-Kanal ins Asowsche und von dort ins Schwarze Meer gelangen.

St. Petersburg hat nur im Süden industriell besiedeltes Hinterland: das Gebiet um Nowgorod, etwa 190 Kilometer von St. Petersburg und etwa 600 Kilometer von Moskau entfernt. Die Stadt Nowgorod mit ihren 240 000 Einwohnern ist umgeben mit liebenswerten Städten wie Borowitschi, Okulowka, Waldaj, Tschudowo, Nlalaja, Bestowo und Solzy – die zwischen 20 000 und 60 000 Einwohnern haben. Mit rund 1 200 Kilometern Eisenbahnlinie, 5 460 Kilometern Straßen und Wasserstraßen von 620 Kilometer Länge, kann man von einer guten Infrastruktur sprechen.

„Sanfter Tourismus" erwünscht

Die Gebietsadministration setzt auf den Ausbau des Fremdenverkehrs, einem „sanften Tourismus" wird Priorität eingeräumt. Ein entsprechendes Programm sieht die Rekonstruktion der Geschichts- und Kulturdenkmäler bis zum Jahr 2005 vor.

Die geographisch günstige Lage zwischen St. Petersburg und Moskau bringt schon jetzt jährlich viele Touristen in das Gebiet, das durch seinen Wasserreichtum, aber auch durch eine Vielzahl von historischen und kulturellen Denkmäler sehenswert ist. Die Seen (mit einer Wasserfläche von 173 000 Hektar) und unzählige, malerische Flüßchen sind fischreich. In ihnen sind Zander, Hechte, Barsche zu finden. Angeln ist hier ebenso angesagt wie Wassersport, aber es gibt auch ausgezeichnete Jagdreviere.

Nicht zuletzt um den Tourismus zu befördern, soll der Flughafen ausgebaut werden; er wird künftig 560 000 Fluggäste pro Jahr abfertigen können. Die Stadt ist von Hamburg aus mit dem Flugzeug in etwa sieben Stunden zu erreichen. Die Stadt liegt am Fluß Wolchow und besitzt eine Hafenanlage, die von der Binnenschiffahrt genutzt wird.

Ausländisches Engagement ist vor allem beim Bau von touristischen Unterkünften erwünscht: bis zum Jahr 2000 wird eine Verdreifachung der Bettenkapazitäten der Hotels auf 7 200 angestrebt. Ein Programm zur Nutzung der günstigen klimatischen Bedingungen zu Erholungs- und Behandlungszwecken sieht den Bau neuer und die Modernisierung vorhandener Heil-, Kur- und Gesundheitseinrichtungen vor. Die Heil- und Mineralwässer werden bisher nur zu Kurzwecken genutzt. Doch die vorhandenen Ressourcen könnten auch zum Aufbau von Aufbereitungs- und Abfüllbetrieb genutzt werden. Die Qualität des Mineralwassers wird auch von ausländischen Firmen als gut beurteilt. Es besteht Bedarf an einem Abfüllwerk, dem sich in der Region einschließlich St. Petersburg gute Marktchancen eröffnen würden.

Deutsche Betriebe gründeten Tochterunternehmen

In den Unternehmen des Nowgoroder Gebietes besteht wie überall in der Russischen Föderation die Notwendigkeit zu Umstrukturierungen. Insbesondere muß die vorhandene Produktionsbreite der Betriebe einer gezielten Spezialisierung weichen. Notwendig sind Modernisierungsinvestitionen und westliches Knowhow. Die Gebietsverwaltung unterstützt die wirtschaftliche Umgestaltung durch ein „Entwicklungsprogramm zur Privatisierung des staatlichen und städtischen Eigentums" und durch ein „Programm zur Unterstützung des Kleinunternehmertums", zu dem weitere neun Subprogramme, unter anderem zur Infrastrukturentwicklung und zur Förderung des Jungunternehmertums, gehören.

Ansätze zur Entwicklung des Mittelstandes sind vorhanden. Aber die meist kleinen Betriebe haben trotz vorhandener Nachfrage aufgrund hoher Besteuerung und ebenso hoher Zinssätze für Investitionskredite eine eher schlechte Perspektive.

Die Unternehmen des Gebietes sind an der Zusammenarbeit mit ausländischen Investoren interessiert. Bis Mitte 1995 waren rund zwei Dutzend Unternehmen mit ausländischer Beteiligung registriert. Einige deutsche und österreichische Firmen haben Tochtergesellschaften gegründet, die in diesem Gebiet ihren Sitz haben.

Die Einfuhren (importiert wurden 1994 Waren im Wert von 48 Millionen Dollar) steigen. Die Importe kommen aus 33 Ländern, darunter unter anderem aus Italien, dem benachbarten Finnland und aus Deutschland. Maschinen und Ausrüstungen hatten einen Anteil von fast 40 Prozent am Gesamtimport.

Im Jahre 1994 haben sich die Industriepreise um mehr als 200 Prozent erhöht. Auch die Verbraucherpreise stiegen um etwa den gleichen Prozentsatz, während Preise für Dienstleistungen sogar um mehr als 600 Prozent anzogen. Die Lohnentwicklung konnte mit der Inflation nicht Schritt halten. Der monatliche Durchschnittslohn lag im März 1995 mit 240 000 Rubel rund 80 000 Rubel unter dem Lohnniveau Rußlands.

Die Industrie der Region, zu der unter anderem der Maschinenbau und die Metallverarbeitung, die Holz- und Chemieindustrie sowie die Baustoffindustrie gehören, verfügt über eine breite Produktpalette, die von Kunststoffen bis zu Konsumgütern reicht. Die Landwirtschaft produziert ausschließlich für die Selbstversorgung.

Allerdings war die Industrieproduktion des Gebietes bis auf die Medizintechnik im Jahr 1994 weiter rückläufig und erreichte nur noch 75 Prozent des Jahres 1993. Der im Jahre 1994 erwirtschaftete volkswirtschaftliche Gewinn (190 Milliarden Rubel) wurde zu 77 Prozent von der Industrie erbracht. Zahlungsunfähigkeit (1994 schrieben 20 Prozent der Betriebe rote Zahlen) und veraltetes Management sind für die Lage der Unternehmen kennzeichnend und lassen deren Umwandlung in leistungsfähige Wirtschaftseinheiten nur langsam vorankommen.

Zu den Rahmenbedingungen für ausländische Investoren ist zu erfahren: Die von der Gebietsverwaltung Nowgorod erarbeiteten Programme sehen die Absicherung unternehmerischer Tätigkeiten in der Region vor und schaffen günstige Bedingungen für ausländische Investoren. So werden ihnen beispielsweise steuerliche Vergünstigungen gewährt. Für Produktionsbetriebe mit ausländischer Beteiligung, die nach 1994 auf dem Nowgoroder Gebiet registriert worden sind, gilt eine Befreiung von allen Gebietssteuern (Gewinnsteuer, Vermögensteuer, Straßensteuer, Steuer für Lehreinrichtungen sowie alle Gebietssteuern, die neu festgesetzt werden) für die errechnete Rückflußdauer der Investitionen.

Der Bankensektor ist schwach entwickelt und wird den Anforderungen noch nicht gerecht. Es gibt sechs private Geschäftsbanken und Filialen der Russischen Zentralbank, der Russischen Handels- und Industriebank St. Petersburg und der Moskauer Industriebank in Nowgorod sowie Filialen in den Städten Borowitschi und Staraja Russa.

Region ist reich an Rohstoffen

Bemerkenswert ist der Reichtum an Rohstoffen. Von 41 Millionen Hektar Wald ist die Rede, der Reifholzbestand beträgt nach Angaben der Gebietsverwaltung 158 Millionen Quadratmeter, darunter sind zu 43 Prozent Nadelhölzer zu finden. Der jährliche Holzeinschlag wird mit derzeit 3 Millionen Kubikmeter angegeben, er könnte auf jährlich 12 Millionen Kubikmeter ausgedehnt werden.

Das Gebiet besitzt Ausgangsstoffe für die Baumaterialienerzeugung wie Lehm, Karbonatgesteine, Bausand oder Glassand. Die Forstressourcen nehmen 4,1 Millionen Hektar ein, der Reifholzbestand beträgt 158 Millionen Quadratmeter.

Großverbraucher ist die Holzindustrie. Ein regionales Programm soll die Entwicklung der Holzbeschaffungs- und Holzbearbeitungsproduktion unterstützen. Zur Erweiterung der Holzplattenerzeugung ist der Bau eines neuen Spanplattenwerkes vorgesehen. Es bestehen umfangreiche Möglichkeiten zur Erweiterung der Zellstoff- und Papierproduktion. Es sollen solche Investoren bevorzugt werden, die eine Holzbearbeitung mit vollem Produktionszyklus beabsichtigen.

Der Fischfang könnte nach wissenschaftlichen Untersuchungen auf das 1,5fache ausgedehnt werden, ohne die natürlichen Ressourcen zu gefährden. Den Gewässern ließen sich nach Expertenmeinung bis zu 4500 Tonnen Speisefische pro Jahr entnehmen, zusätzlich ließen sich entsprechende Aquakulturen aufbauen. Die Region besitzt aber noch andere Rohstoffe: Aus den über 540000 Hektar großen Moorgebieten ließe sich in größerem Umfang Torf stechen.

Mangel an moderner Landtechnik

Der Agrarbereich bedarf ebenfalls der Umstrukturierung. Zur Zeit mangelt es vor allem an moderner Landtechnik. Ausrüstungen fehlen, neue Technologien wären einzuführen und Fachleute auszubilden. Die Perspektiven der Landwirtschaft liegen in der Flachsproduktion; ein regionales Flachsprogramm sieht die Erhöhung der Jahresproduktion auf 10000 Tonnen vor – unter anderem durch Einführung ergiebigerer Flachssorten mit hoher Faserqualität. Außerdem soll die Flachsverarbeitung erweitert werden und auf dieser Basis eine eigene Textilindustrie entstehen.

Kontaktbüro der IHK Bielefeld

Die IHK Bielefeld unterhält seit Anfang 1994 in Nowgorod ein Kontaktbüro, das als Anlaufstation für mittelständische deutsche Unternehmen in der Region dienen soll. Man stellt Adressen bereit, hilft Geschäftskontakte anzubahnen und Verträge unterschriftsreif zu machen. Durch eine neue Telefonstation im Nowgoroder Gebiet ist eine direkte Telefon- und Faxverbindung mit Deutschland vorhanden.

Kontaktanschriften:

 IHK Ostwestfalen zu Bielefeld
Elsa-Brändström-Str. 1–3, 33602 Bielefeld
Telefon 0521/554101 Fax 0521/554109

 Generalkonsulat der Bundesrepublik Deutschland
in der Russischen Föderation (u. a. zust. für das Nowgoroder Gebiet)
ul. Furschtadtskaja 39, 199034 St. Petersburg
Telefon 0078/12/2735598, Fax 2793242

Delegierter der Deutschen Wirtschaft in der Russischen Föderation
Außenstelle St. Petersburg
W.O. Bolschoj Prospekt 10, 199034 St. Petersburg
Telefon 0078/12/2137991 oder 2134501, Fax 3505622

Kontaktbüro der IHK Bielefeld in Nowgorod
(Vorwahl von Deutschland nach Nowgorod: 0078/1622)
Telefon und Fax 78145

Handels- und Industriekammer Nowgorod
ul. Kooperatiwnaja 5, 173003 Nowgorod
Telefon 4119 und 4008, Fax 4119

Gebietsverwaltung Nowgorod
pl. Sofijskaja 2, 173000 Nowgorod
Telefon und Fax 73450

Stadtverwaltung Nowgorod
ul. Bolschaja Wlasjewskaja 4, 173007 Nowgorod
Telefon und Fax 78342

Wirtschaftamt
Telefon 74770

Regionales Finanzamt
pl. Sofijskaja 1, 173005 Nowgorod
Telefon 92346, Fax 74772

Zollamt Rogatiza 19/40, 173005 Nowgorod
Telefon 92346 und 39984, Fax 38677

Juristische Beratungsstelle
ul. Nikolskaja 4, 173000 Nowgorod
Telefon 32759, 32767 und 30776

Gebiet Nowgorod im Überblick

Allgemeine Angaben

Lage: Im Nordwesten des europäischen Teils Rußlands (Nord-Westlicher Wirtschaftsbezirk).

Fläche: 55300 qkm

Bevölkerung: 754 600 (0.51 Prozent der Gesamtbevölkerung der RF) davon 70 Prozent Stadtbevölkerung; 55 Prozent im arbeitsfähigen Alter, davon 56 Prozent in der Industrie beschäftigt, 13 Prozent in der Landwirtschaft tätig

Administrative Gliederung:

Hauptstadt	Nowgorod	(240 000 Einw.)
21 Kreise	Borowitschi	(62 000 Einw.)
	Okulowka	(25 000 Einw.)
	Waldaj	(20 000 Einw.)
	Tschudowo	(20 000 Einw.)
	Malaja	(17 000 Einw.)
	Bestowo	(16 000 Einw.)
	Solzy	(12 000 Einw.)

Wirtschaft/Rohstoffe:

Holz: 4,1 Mio. ha Wald, Reifholzbestand: 158 Mio. qm, davon ca. 43 Prozent Nadelholz; jährlicher Holzeinschlag: 3 Mio. m³, könnte auf jährlich 12 Mio. m³ ausgedehnt werden

Ausgangsstoffe für die Baumaterialienerzeugung: Lehm, Karbonatgesteine, Bausand, Glassand

Mineralwasser: Chloridsolen, Chloridwasser mit einer Mineralisierung von 1 bis 35 g/1, Sulfat-Natrium, Chloridwasser

Industrie:

– Nahrungsmittelproduktion
– Maschinenbau/metallverarbeitende Industrie
– Elektrotechnik/Fernseh- und Radioelektronik
– Bauwirtschaft/Baumaterialienherstellung
– Chemieindustrie/Kunststoffproduktion
– Glas- und Keramikindustrie

Typische Gerichte und Kochrezepte

Die Geheimnisse der russischen Küche

Ber die russische Küche verstehen will, muß etwas über die alten russischen Öfen wissen – ein wahres Wunder an Vielseitigkeit. Es sind Öfen, die im Mittelpunkt vieler russischer Märchen stehen und heute nur noch in den Dörfern im Norden Rußlands zu finden sind. Diese Öfen erwärmen Leib und Seele und können manchmal sogar den Arzt ersetzen: Wer eine Erkältung hat, setzt sich auf die obere Ofenbank und wird dort gesund. In diesen Öfen kann Brot gebacken werden, in ihnen wird Obst gedörrt und Bier gebraut, Gerichte köcheln in bauchigen Steintöpfen stundenlang vor sich hin. Im Herzen sehnt sich jeder Russe nach einem solchen Schmuckstück von Ofen, der mit Birkenholz beheizt, auch das Haus erwärmt. Heute versammelt man sich in der Küche um den Herd und schiebt jene Gerichte in den Backofen, die eigentlich in den Ofen gehören. Vom Schmorbraten mit Backpflaumen bis zum Huhn im Tontopf.

Über das Brot

Brot und Salz als Willkommensgruß an den Gast spielen bei allen slawischen Völkern eine Rolle, bei den Russen ganz besonders. Vom Gast wird erwartet, daß er ein Stück von dem Brotlaib abbricht, den man ihm auf einem weißen Leinentuch serviert. Er taucht das Brot ins Salz und kostet es. Brot spielt bei allen Mahlzeiten eine wichtige Rolle, es wird in großen Mengen konsumiert. Zu beinahe jedem Gericht, außer vielleicht zu Teigtaschen wie Plinsen oder Piroggen-Pfannkuchen, wird Brot gereicht und gegessen.

Das aus Sauerteig gebackene Roggenbrot (noch am ehesten mit unserem Roggenvollkornbrot vergleichbar) ist sehr weit verbreitet und beliebt. Es gibt aber auch Weißbrot. Dazwischen liegt das graue Mischbrot, zu bestimmten Anteilen aus Roggen- und Weizenmehl gebacken. Aus dem Weizenmehl werden auch Brötchen gebacken. Diese hellen Brötchen waren lange Zeit das Brot der Reichen und Vornehmen. Die Bezeichnung für Brot und Brötchen aus Weizenmehl kommt wohl aus dem Französischen, ist vom Wort „boulanger", Bäcker, abgeleitet: „Bulki". Das vernehmste Weißbrot ist der „Kalatsch" – Brot mit Salz. Einen besonders standhaften Menschen, so eine Redensart, kann man „nicht einmal mit Kalatsch betören".

Üppig und appetitanregend: die Vorspeisen

Keine festliche Mahlzeit ohne die Vorspeisen, die „Sakuschka". Als Entrée werden mit den alkoholischen Getränken Pasteten, Rindfleisch- und Zungenscheiben serviert, roter und schwarzer Kaviar, Krebsfleisch, Stör, heiß und kalt geräuchert, eingelegte Pilze, eingelegter Knoblauch, Gurken und gehaltvolle Salate.

Mit Sauerrahm überbackene Kartoffeln oder Pilze können durchaus zu den Vorspeisen gehören – man braucht eine gute Unterlage für den Wodka, der noch kommen soll.

So etwas wie ein Zwischengericht ist dann der Stör aus dem Ofen, der in einem Pfännchen unter knusprigen Kartoffelscheiben schmurgelt, obendrauf ein Klecks saurer Sahne. Lachs und Zander in verschiedenen Zubereitungsformen werden häufig nach den Vorspeisen serviert. Besonders in den erstklassigen Restaurants, die heute in vor allem in St. Petersburg und Moskau zu finden sind. Aber auch Heringe mit heißen Kartoffeln und Salzgurken sind hochbeliebt und können sowohl Vorspeise auch auch Zwischengericht sein. Hier ein Rezept dafür:

Russische Heringsplatte

Von vier mittelgroßen Heringen (man rechnet einen pro Person) werden Haut und Gräten entfernt. Die Heringe werden in mundgerechte Stücke geschnitten und wieder zu einem Fisch geformt – unter Verwendung von Kopf und Schwanz. Jetzt zwei Zwiebeln in Ringe schneiden, auf und um die Heringe drapieren. Kräuteressig (einen Eßlöffel) mit drei Eßlöffel Sonnenblumenöl verrühren, die Vinaigrette über die Heringe gießen und etwa 20 Minuten ziehen lassen.

In der Zwischenzeit werden kleine, feste Kartoffeln in der Schale gekocht, gepellt und mit Dill bestreut heiß serviert. Dazu kann man noch ein Stück Butter reichen.

Keine Hochzeit ohne Buchweizenkascha

Was für Deutsche die Kartoffel ist, ist für Russen die „Kascha". Das Wort heißt übersetzt „Brei", doch gibt es im Deutschen nicht das Wesen dessen wieder, was sich hinter „Kascha" verbirgt. Mit Buchweizen oder anderen Getreidearten zubereitet, gibt es kein orthodoxes Weihnachten, keine Taufe, keine Hochzeit und keine Beerdigung ohne „Kascha". Eine gute, körnige Buchweizen-Kascha als Beilage gibt vielen Gerichten, die auf der Welt weitverbreitet sind und auch überall ähnlich zubereitet werden, erst die spezifisch russische Färbung.

Hier eine Faustregel, um eine Buchweizenkascha herzustellen: Auf eine Tasse Buchweizenkörner kommen eineinhalb Tassen Wasser oder – noch besser – Fleischbrühe. Russische Hausfrauen bräunen die Körner zunächst in einer schweren, trockenen Pfannne etwas an. Wie Reis wird die „Kascha" auf dem Herd gekocht, nachdem man dem Kochwasser Salz zugegeben hat (bei der Verwendung von gewürzter Fleischbrühe braucht man meist nicht mehr viel Salz). Man kann den Buchweizen aber auch in einem Tontopf im Backofen garen lassen. Auch die „Kascha", das wird hier deutlich, kam einst aus dem guten, alten russischen Ofen. Ist die Flüssigkeit verdampft, sollte der Buchweizen-Brei, der an arabisches Cous-Cous erinnert, gar sein. Hier ein Rezept, zu dem Buchweizenkascha hervorragend paßt:

Schmorbraten mit Backpflaumen

Für vier Personen wird 750 Gramm Rinderfilet in vier Zentimeter dicke Scheiben geschnitten. Jetzt zwei oder drei Zwiebeln und zwei Knoblauchzehen hacken, ein halbes Dutzend entkernte Backpflaumen in zwei Hälften zerteilen, sowie reichlich Dill hacken (es werden etwa zwei Eßlöffel gebraucht). In einem gut gewässerten Römertopf Fleisch, Zwiebeln und die Gewürze schichten, wobei man zwischendurch salzt und pfeffert. Bei circa 225 Grad kommt das Gericht etwa zwei Stunden in den Backofen. Es wird mit gehackter Petersilie überstreut und mit Buchweizenkascha serviert.

Weltberühmt: das „Beef Stroganoff"

Hier noch ein Rezept für das berühmte „Beef Stroganoff", zu dem man den Backofen einmal nicht anheizen muß. Alles was man dazu braucht sind zwei Pfannen, am besten schwere aus Gußeisen:

Quer zur Faser wird Rinderfilet (etwa 800 Gramm für vier Personen) in dicke Scheiben geschnitten, um noch einmal in Richtung der Faser in Streifen geschnitten zu werden. In der einen Pfanne in Ringe geschnittene Zwiebeln, kleingeschnittene Salzgurken und Pilze dünsten. Derweil in einer zweiten Pfanne das Fleisch scharf anbraten, zu den Gemüsen geben. Dann reichlich saure Sahne dazugeben und so lange köcheln lassen, bis die Soße die gewünschte Konsistenz hat. Mit Pfeffer und Salz abschmecken und mit gehackter Petersilie überstreuen.

Moskauer Salat

Salate sind in Rußland ein besonderes Kapitel. Sie enthalten in der Regel eine schwere Mayonnaise und obendrein saure Sahne, und zwar eine von der Sorte, in der ein Löffel steht. Salate sind in Rußland nichts zum Schlankwerden, sondern meist so gehaltvoll, daß sie einem Mitteleuropäer eine ganze Mahlzeit ersetzen. Wie zum Beispiel der Moskauer Salat, der dem „russischen Salat" nicht unähnlich ist, den die Italiener kennen.

Basis für den Moskauer Salat sind etwa 500 Gramm Kartoffeln, die gekocht, gepellt und in Würfel geschnitten werden. Eine Handvoll Sauerkraut, zwei oder drei Salzgurken (ebenfalls in Würfel geschnitten), 100 Gramm Zuckererbsen (frisch oder aus der Dose), 100 Gramm mageres und bereits gekochtes Suppenfleisch (ebenfalls gewürfelt) werden mit drei oder vier Eßlöffeln Mayonnaise und einem guten Eßlöffel saurer Sahne vermengt. Mit Dill, Petersilie, Salz und Pfeffer würzen.

Kalte Suppe mit viel Gemüse: Okroschka

Mittlerweile findet man immer mehr Restaurants, die wieder landestypische Gerichte servieren, wie etwa Okroschka, eine kalte Suppe, die statt mit Fleischbrühe mit Quas aufgefüllt wird. Quas ist ein beliebtes Getränk (aus Brot gebraut, alkoholfrei), das im Sommer an jeder großstädtischen Straßenecke verkauft wird.

Das Okroschka-Rezept belegt, wie gehaltvoll die Quas-Suppe ist: Eine rote Beete, zwei Karotten, zwei Kartoffeln und zwei Eier werden gekocht (separat, weil sie unterschiedliche Garzeiten haben). Alles abkühlen lassen.

Jetzt die abgeschreckten Eier pellen, das Eigelb herauslösen, Eiweiß würfeln. Das zerdrückte Eigelb mit je einem Teelöffel Zucker und Senf sowie vier Eßlöffeln saurer Sahne verrühren. Jetzt mit Quas auffüllen, den man so herstellt: Für fünf Liter Quas braucht man ein Kilo Roggenbrot, das in Scheiben geschnitten und im Backofen getrocknet wird. Oder man verwendet trockene Brotreste. Das Brot zerkleinern und in einen Topf mit heißem Wasser überbrühen. Das Ganze bleibt über Nacht im Topf stehen. Jetzt wird die Flüssigkeit durch ein Sieb gestrichen, nachdem man das Brot zuvor gut ausgedrückt hat. Noch einmal an einem warmen Ort so lange stehen lassen, bis sich Schaum auf der Oberfläche bildet. Der fertige Quas wird durch ein Sieb geseiht und auf Flasche gefüllt.

Doch zurück zur Suppe: Der werden zuletzt die gewürfelten Kartoffeln, die kleingeschnittene rote Beete, das hartgekochte und gewürfelte Eiweiß und zwei kleingeschnittene Salzgurken beigefügt. Gewürzt wird mit gehacktem Dill. Die Gurken können auch durch eingelegte Pilze ersetzt werden.

Von dieser kalten Suppe gibt es auch festtägliche Varianten, die noch mit kleingeschnittenem Schinken, magerem Suppenfleisch oder Geflügel angereichert werden. Die Okroschka darf auch mit einem Eiswürfel in jedem Suppenteller serviert werden. Sie muß wirklich kalt sein.

Von Soljanka und anderen Suppen

Die Russen lieben natürlich auch warme Süppchen, besonders in der kalten Jahreszeit. Fisch- und Kohlsuppen aller Art sind in Rußland besonders beliebt. Natürlich muß man eine Soljanka probieren, eine kräftige Suppe, für die es viele Rezepte gibt, und die mittlerweile auch im Osten Deutschlands heimisch geworden ist. Besonders gut ist eine Soljanka, die mit einer kräftigen Pilzbrühe zubereitet wird. Die Zubereitung beginnt damit, daß man Schinkenwürfel, Würstchenscheiben, Gurkenstreifen und Tomaten in der Pfanne kurz anbrät, mit saurer Sahne ablöscht und mit der Pilzbrühe auffüllt. Nun kommt reichlich gekochtes und gewürfeltes Rindfleisch dazu, zum Schluß mit Salz und Pfeffer abschmecken.

Die Soljanka kommt in Rußland mit Schwarzbrot und einem Schälchen saurer Sahne auf den Tisch.

Natürlich muß hier der Borschtsch erwähnt werden, die berühmteste aller russischen Suppen. Von ihr behaupten die Russen, sie schmecke nur im eigenen Land. Bis zu zwanzig Zutaten braucht man dazu: Rindfleisch und rote Beete, Weißkohl und Mohrrüben, Kartoffeln und Sellerie, Zwiebeln und Tomaten. Obendrauf kommt ein weißer Klecks, eine besonders fette saure Sahne, die „Smetana" heißt.

Fischsoljanka ist nicht einfach eine Variante der Soljankasuppe, sondern kann als Pfannengericht daherkommen: Fischfilet auf Sauerkraut, in das Salzgurken kommen, in kleine Stücke geschnitten.

Keine Feier ohne Piroggen

Es gibt keine russische Feier, kein Fest ohne Piroggen. Sie werden in Rußland seit eh und je gebacken, spezielle Rezepte von Generation zu Generation weitergegeben. Werden Piroggen zur Suppe aufgetragen, gebührt der Hausfrau oder dem Koch höchstes Lob. Es gibt viele Teige, aus denen man Piroggen (die kleinsten heißen Piroschki) herstellen kann und schier unendlich ist die Zahl der möglichen Füllungen: Fisch oder Fleisch, Gemüse und dies alles in immer neuen Kombinationen.

Piroggen werden sehr häufig aus Hefeteig bereitet. Eine feine Variante sind die Blätterteig-Piroggen, gefüllt mit feingehacktem Weißkraut, mit gut gewürztem Rind- oder Schweinefleisch und gedünsteten Pilzen. In jeden Fall wird der Teig ausgerollt, runde Plätzchen ausgestochen auf die man in die Mitte ein wenig von der Füllung gibt. Jetzt zuklappen, den Teig andrücken, auf ein Backblech legen und mit Eigelb bestrichen ausbacken.

Pelmeni – Variante der guten alten Maultaschen

Ebenso beliebt sind die Pelmeni, eine Variante der Maultaschen, die gelegentlich in einer heißen Brühe serviert werden, mit Dill bestreut. Für die Pelmeni bereitet man einen Nudelteig zu und rollt ihn dünn aus. Für die Füllung nimmt man mageres gehacktes Rindfleisch und Schweinemett, das mit geriebener Zwiebel gemischt und mit Salz und Pfeffer gewürzt wird.

Aber auch eine Füllung aus Rindfleisch, Schweinefleisch und Geflügel ist beliebt. Wer mag, gibt noch getrocknete Steinpilze dazu, die vorher eingeweicht und kleingehackt werden.

Die Teigtaschen werden wie Ravioli geformt, in Wasser gegart. Servieren kann man sie nicht nur in Fleischbrühe, sondern auch mit brauner Butter, einer braunen Soße, die mit saurer Sahne abgeschmeckt wird oder einer scharfen Tomatensauce.

Blini oder Plinsen – in jedem Fall Pfannkuchen

Die Blini, zu deutsch Plinsen, können ihre Herkunft nicht verleugnen: Sie kommen aus der Pfanne. Das Bliniessen kann zum Höhepunkt der Bewirtung teurer Gäste werden: Nämlich dann, wenn diese Pfannkuchen mit schwarzem oder rotem Kaviar gefüllt auf den Tisch gestellt werden.

In Öl werden jene Hefeplinsen gebacken, für die ein Teig aus Mehl, Hefe, Butter, Milch und Salz – und einer Prise Zucker – zubereitet wird. Die traditionellen kleinen Pfannkuchen liebt man in Rußland auch mit Lachs gefüllt.

Für Buchweizenplinsen mischt man Weizen- und Buchweizenmehl im Verhältnis eins zu eins, setzt die Hefe an, gibt lauwarme Milch, saure Sahne und Eigelb dazu. Aus diesen Zutaten einen relativ dickflüssigen Teig bereiten, dem man noch zerlassene Butter beigibt.

Pilze – frisch, getrocknet und eingelegt

Wie die Gurken sind die Pilze unverzichtbarer Bestandteil russischer Mahlzeiten. Die Pilze werden gesalzen und eingelegt, sie werden aber auch getrocknet, um dann in Milch aufzuweichen, bevor sie an Suppen oder Soßen kommen.

Die Russen haben den Steinpilz zum „Zaren unter den Pilzen" ernannt. Es gibt hervorragende Steinpilzjahre, in denen Pilzsucher mit reicher Beute belohnt werden und in denen Steinpilze auf jedem Markt angeboten werden. Russen lieben Steinpilze und bereiten sie in vielfältiger Weise zu. Sie werden mit Zwiebeln gebraten, im Tongefäß mit saurer Sahne gedünstet, sind äußerst beliebt als Beigabe zum Braten.

Steinpilze können wegen ihres charakteristischen Aussehens auch von weniger Kundigen gesammelt werden, die dann ihre Methoden haben, die Ausbeute eines Pilzspaziergangs haltbar zu machen. So werden Steinpilze etwa in feine Scheibchen geschnitten. Auf „Pilzschnüren" hängt man sie in der Küche zum Trocknen auf. Denn getrocknet schmecken diese Pilze, da sind sich die Russen einig, am besten.

Die Technik des Einsalzen ist besonders interessant. Eingesalzen werden häufig Pilze wie Edelreizker, Rotbraune Milchlinge oder der Birkenmilchling. Gesalzene Pilze sind besonders als kleine Happen zwischendurch beliebt. Sie kommen mit Brot auf den Tisch, wenn zwischen zwei Wodkas etwas Eßbares gefragt ist.

Hier eine Anleitung für das Einsalzen: Die geputzten und gewaschenen Pilze werden in Salzwasser kurz gekocht. Man läßt sie auf einem Sieb abtropfen und gibt sie in Schichten mit den Hüten nach unten in große Keramiktöpfe. Jede Schicht muß mit grobem Salz bestreut werden. Obendrauf kommen Lorbeerblätter und Pimentkörner, man kann aber auch noch Knoblauchzehen hinzufügen. Der sich bildende Saft muß alle drei Tage abgeschöpft werden. Nach 35 bis 50 Tagen sind die Pilze eßfertig. Die Mühe lohnt.

Das Marinieren der Pilze bewerkstelligen die Russen so: Ein Kilo Pilze gibt man in einen emaillierten Topf, in dem ein Liter Wasser kocht, zusammen mit einem Eßlöffel Salz und reichlich Essig. Auf schwache Flamme köchelt das Ganze etwa fünf Minuten, feste Pilzsorten wie Butterpilze oder Pfifferlinge benötigen länger. Sobald die Pilze nach unten sinken, kommen etwas Zucker, Pimentkörner, Knoblauchzehen, Lorbeerblätter und Nelken dazu. Vom Herd nehmen und abkühlen lassen.

St. Petersburg

Im Lauf dieses Jahrhunderts hat sich die Metropole an der Newa drei verschiedene Namen zugelegt: Im Juni 1991 entschied die Bevölkerung von Leningrad, daß ihre Stadt wieder den ursprünglichen Namen St. Petersburg tragen soll. Zwischendurch nannte sich das „Venedig des Nordens" kurzeitig Petrograd. Die nördlichste Millionenstadt der Welt ist jung, sie wurde ab 1703 auf Geheiß Peters des Großen aus dem Sumpf gestampft.

Die Stadt der „Weißen Nächte" – helle Sommernächte, in denen man um Mitternacht am Ufer der Newa noch mühelos Zeitung lesen kann – hat mehr als drei Millionen Einwohner. Die Geschichten von der Rivalität zwischen Moskau und St. Petersburg sind Legende. „Das Schönste an Moskau ist der Zug nach Petersburg", sagen die Menschen an der Newa. Die schnellsten Züge Rußlands verkehren auf dieser Strecke, fast 700 Kilometer lang. Insgesamt gehen zwölf Eisenbahnstrecken von Petersburg aus. Über die Schiene rollt die Masse des Frachtverkehrs – heute auch nach Finnland. Aber die Bahnhöfe spielen eine geringere Rolle im Bewußtsein der Menschen. Sie sprechen zuerst von ihrem Hafen mit seinen zahlreichen Werften, darunter die Admiralitäts- und Schdanow-Werft.

St. Petersburg ist die europäischste Stadt Rußlands. Sie entwickelte sich im 18. Jahrhundert mit einer beispiellosen Geschwindigkeit und Konsequenz. Architekten aus Frankreich und Italien bauten Brücken, die den Newa-Strom überspannen und über seine Seitenarme Fontanka und Moika. St. Petersburg besitzt Kanäle wie in Amsterdam, in denen sich Kirchen und Paläste spiegeln. Bauten des Barock und des Klassizismus bestimmen noch heute das Stadtbild – allerdings befindet sich die Bausubstanz häufig in einem beklagenswerten Zustand.

Die Stadt an der Newa, im Nordwesten Rußlands, besitzt das älteste Industriezentrum. In Petersburg wurden die größten Generatoren und Wasserturbinen der Welt gebaut, außerdem Traktoren, Eisenbahnwaggons und Lokomotiven. Auf den Werften liefen auch Eisbrecher vom Stapel. Die Kirow-Werke, mit Krupp vor 1945 zu vergleichen, was die schwerindustrielle Produktionspalette angeht, versorgte einst das Gebiet der Sowjetunion über den Ural hinaus bis nach Ostsibirien mit Walzzstraßen oder Röhren aller Art. Land- und Baumaschinen, aber auch Konsumgüter wurden und werden in St. Petersburg hergestellt. Bei „Elektrosila" gebaute Turbinen wurden im ägyptischen Assuan aufgestellt, wo ans Klima angepaßte Hydro-Generatoren Leistungen bis zu 175000 Kilowatt liefern.

Am Beispiel von „Elektrosila" läßt sich festmachen, daß deutsch-russische Wirtschaftbeziehungen keine Erfindung unserer Tage sind. Siemens-Halske hat sich bereits 1853 in St. Petersburg engagiert und eine Fabrik für telegraphische

Ausrüstungen aufgebaut, in der wenig später mit dem Dynamobau begonnen wurde. Bis zum Ausbruch des Ersten Weltkriegs war das Unternehmen eine Siemens-Tochter.

Nach der Oktoberrevolution, deren Wiege in Petrograd stand, wurden im „Elektrosila"-Hauptwerk 10.000 Arbeitskräfte beschäftigt, eine ganze Reihe von Vorbereitungs- und Zuliefererwerken gehörten zu der konzernartigen Vereinigung. Heute sind viele Betriebe in Aktiengesellschaften umgewandelt. Sie haben sich auf die Suche nach westlichem Kapital und westlichem Know-how begeben.

Unbedingt besuchen muß man die Peter- und Paul-Festung, mit der die Stadtgeschichte von St. Petersburg begann. In der gleichnamigen Kathedrale wurden seit Peter dem Großen alle russischen Zarinnen und Zaren zu Grabe getragen. Zum Wahrzeichen von St. Petersburg wurde die Admiraliät, die heute Marinehochschule ist. An ihrer Stelle befand sich einst die Werft Peters des Großen.

Von den Dreh- und Hebebrücken, die es in der Stadt so zahlreich gibt, ist die Blaue Brücke vor dem Marienpalais, hundert Meter breit, die berühmteste. Besonders sehenswert aber auch die Anitschkow-Brücke über der Fontanka mit ihren vier Pferdegruppen und die Bankowski-Brücke, die eindrucksvoll von Löwen geschmückt wird.

Eines der bedeutensten Kunstmuseen der Welt ist die Eremitage, in der ebenso alte italienische Meister zu sehen sind wie die Werke der Maler der klassischen Moderne von Cézanne bis Picasso. Unter den Kirchen ist die Isaak-Kathedrale besonders bemerkenswert. Sie ist vom Entwurf her an das Pariser Panthéon angelehnt und besitzt eine vergoldete Kuppel.

Zur Prachtstraße und dem geschäftlichen Zentrum der Stadt hat sich der Newski-Prospekt entwickelt. Den insgesamt 4,5 Kilometer langen Boulevard zieren Kirchen, Schlösser und Museen – zahlreiche elegante Geschäfte und Restaurants sind dazugekommen (darunter ein russisch-niederländisches Joint-venture im Jussupow-Palast). Eine der schönsten Straßen der Stadt ist die Rossi- oder Theaterstraße, von Carlo Rossi erdacht und gebaut. Die Gebäude, die diese Straße zieren, sind mit ihren vollendeten Proportionen Schulbeispiele des Klassizismus.

Am Ende des Newski-Prospektes liegt das Alexander-Newski-Kloster, nur wenige Jahre nach der Gründung von Petersburg errichtet. Auf Grabsteinen der beiden zum Kloster gehörigen Friedhöfe finden sich viele berühmte Namen. Dostojewski ist hier ebenso begraben wie Tschaikowski.

In der Umgebung von St. Petersburg gibt es viele Sehenswürdigkeiten zu besichtigen: So die von Peter dem Großen angelegte Sommerresidenz Petroworez. Der 1755 vollendete Bau wurde im Zweiten Weltkieg zerstört, aber nach alten

Plänen neu aufgebaut. Etwa zehn Kilometer westlich von Petroworez liegt Lomonossow, Sommersitz des Fürsten Menschikow, der hier in Treibhäusern Orangen züchten ließ. Auch Lomonossow wurde im Zweiten Weltkrieg teilweise zerstört und in den Jahrzehnten danach restauriert.

In Puschkin, 20 Kilometer südlich von St. Petersburg, findet sich ebenfalls eine Sommerresidenz der Zaren. In Zarskoje Selo residierte der letzte Herrscher, Nikolaus II, der hier 1917 mit seiner Familie interniert war. Das Barockschloß, das ebenfalls im Zweiten Weltkrieg zerstört wurde, ist nur teilweise wiederhergestellt worden. An Zarskoje Selo grenzt Pawlosk an, ein Palast, den Katharina I. ihrem Sohn Paul schenkte. Dank geringer Kriegsschäden verschafft das Bauwerk einen authentischen Eindruck von zaristischer Pracht.

Hotels der Luxus- und der gehobenen Katagorie in St. Petersburg
(Vorwahl von Deutschland aus 007/812):

Astorija
ul. Bolschaja Mojka 39
Telefon 2105010

Drushba
ul. Tschaplygina 4 (Metro Petrogradskaja)
Telefon 2432983

Dworez Molodjoshi
ul. Popowa 47 (auf der Apothekerinsel)
Telefon 2343278

Gawa
Sredni Prospekt 88 (auf der Basilusinsel)
Telefon 3565856

Grandhotel Jewropa
Michailowskaja ul. 1/7 (Metro Newski Prospekt/Gistiny dwor)
Telefon 3120072

Karelia
ul. Marschala Tuchatschewskowo 27/2 (Metro Ploschtschad Lenina)
Telefon 2263036

Moskwa
Ploschtschad Alexandra Newskowo 2 (Metro Ploschtschad
Alexandra Newskowo)
Telefon 2742051

Newski Palace
Newski Prospekt 57 (Metro Majakowskaja)
Telefon 1 13 14 70

Oktjabrskaja
Ligowski Prospekt 10 (Metro Ploschtschad Wosstanija)
Telefon 2 77 63 30

Rossija
Ploschtschad Tschernyschweskowo 11 (Metro Perk Pobedy)
Telefon 2 96 31 46

Pribaltiskaja
ul. Korablestroitelei 14 (Metro Primorskaja)
Telefon 3 56 02 63

Pulkowskaja
Ploschtschad Pobedy 1 (Metro Moskowskaja)
Telefon 2 64 51 11

Sankt Petersburg
Pirogowskaja nabershnaja 5/2
Telefon 5 42 94 11

Ein Besuch in den Restaurants der gehobenen Kategorie in St. Petersburg lohnt sich. In zaristischem Ambiente wird meist europäische Küche zelebriert. Als erste Adresse für Gourmets gilt das „Restaurant Europa" im Hotel Europa (Michailowskaja ul. 1/7, Telefon 3 29 60 00). Der Service im großen, von einer gewaltigen Glaskuppel überspannten Speisesaal, gilt als der beste von St. Petersburg. Es stehen auch russische Gerichte auf der Speisekarte. Sehr elegant auch das „Dvorianskoe Gnezdo" (ul. Dekabristov 21, Telefon 3 12 32 05), nur fünf Minuten vom bekannten Mariinski-Theater entfernt. Das Lokal befindet sich in einem Teepavillon des Jussupow-Palastes und ist die richtige Adresse für ein Dinner nach einem Opern- oder Ballettbesuch.

An russische Tradition knüpft das Restaurant „Kalinka" (Syezdovskaya Liniya 9, Telefon 21 18 28) an, das überwiegend landestypische Gerrichte serviert. Im Stil eines reichen russischen Kaufmannshauses ausgestattet, ist es mit farbenfrohen Gemälden geschmückt. Hier werden auch russische Weine angeboten, die man zumindest kosten sollte. Für einem Mittagsimbiß eignet sich das „Café Druschba" (Newski Prospekt 15, Telefon 3 15 09 27), in dem Zwei- und Vierertische stehen. Das Essen ist für deutsche Verhältnisse preiswert: Eine Soljanka ist für umgerechnet vier Mark zu haben, Blinis mit Pilzen kosten drei Mark.

Olympia-Reisen –
sechs Jahrzehnte auf Erfolgskurs

Olympia-Reisen, anläßlich der Berliner Olympischen Spiele 1936 gegründet, besitzt jahrzehntelange Erfahrungen in der Organisation von Reisen in die Sowjetunion. Die Tochterfirma „Olympia-Incoming GmbH" hilft Geschäftsleuten bei der Vorbereitung ihrer Reisen. Man erledigt zum Beispiel alle Formalitäten, stellt ein Programm auf mit Kontaktadressen und bereitet sorgfältig die Besuche bei russischen Unternehmen vor. Vom Gepäckservice über den Transfer zum Hotel bis zur Weiterreise per Flugzeug oder Zug wird alles organisiert – mit und ohne Reisebegleitung.

Reiseziel Nummer eins: Moskau

Das Reiseziel, das am häufigsten nachgefragt wird, ist immer noch Moskau, Hauptstadt eines ungeheuer weiten und mannigfaltigen, sich rasant verändernden Landes. Inzwischen ist die Stadt am Moskwa-Fluß eine boomende Metropole von unglaublicher Dynamik und Vitalität, es ist eine Weltstadt, die interessanteste Stadt Osteuropas.

Hier pulsiert das Leben bis tief in die Nacht – sei es auf dem Roten Platz und im Altstadtviertel „Kitaigorod", auf der Tverskaja, auf dem Alten und Neuen Arbat auf den breiten Boulevards oder in den prachtvollen Stationen der Metro. Das Stadtbild verändert sich stark, wobei die Orientierung am vorrevolutionären Moskau und an der christlichen Tradition des Landes deutlich wird. Beispiele sind u. a. der Wiederaufbau der mächtigen Erlöser-Kathedrale, der Kathedrale der Gottesmutter von Kasan und des Voskresenskije-Tors auf dem Roten Platz.

Zu den Osterfestspielen nach St. Petersburg

Mit der quirligen Hauptstadt Moskau konkurriert St. Petersburg, mit unzähligen Architekturdenkmälern und reichen Museen das touristische Juwel Rußlands. Zahlreiche Sakralbauten aus späteren Epochen prägen das Bild der Stadt an der Newa: Peter-Paul-Kathedrale, Alexander-Newskij-Kloster, Kasaner Kathedrale, Smolnyj-Kloster, Isaaks-Kathedrale.

Das besondere Ereignis: Osterfestspiele in St. Petersburg. Ostern spielt traditionell eine große Rolle im Leben der russischen Bevölkerung als Fest der Freude, des Erwachens, des Neubeginns. Das Anliegen der Gründer der Osterfestspiele ist die Wiederbelebung der alten russischen Volkstraditionen in der Verbindung von weltlicher und geistlicher Kultur. Während der Festspiele werden die unterschiedlichsten Veranstaltungen in der gesamten Stadt angeboten: von Volksfesten und öffentlichen Aufführungen der eigens nach Überlieferungen rekonstruierten Glockenspiele und Musikinstrumente über selten gespielte Musik des Mittelalters bis hin zu Premieren in den besten Konzertsälen der Stadt.

„Russische Nächte" als eigenes Programm

Zu sowjetischen Zeiten schien es Uneingeweihten manchmal so, als seien in Rußland die Nächte nur zum Schlafen da. Olympia-Reisen zeigt, daß in den russischen Metropolen einiges los ist. Deshalb bietet der Reiseveranstalter ein Programm mit dem Titel „Russische Nächte" an, das außer mit den wichtigsten Sehenswürdigkeiten auch mit dem „Nightlife" von Moskau und St. Petersburg bekannt macht.

Kreuzfahrten – beschauliches Sightseeing

Olympiareisen lädt die Besucherinnen und Besucher auch in die vitale russische Provinz ein, zeigt das ländliche Rußland „pur". Kreuzfahrten führen von Moskau über den Moskwa-Wolga-Kanal zum „Goldenen Ring", über die Wolga und den Wolga-Ostsee Kanal in die riesigen Seengebiete des russischen Nordens, den Ladoga- und den Onega-See, in die wunderbar stille, weite und harmonische Landschaft Kareliens.

Die Lena, einer der mächtigsten Ströme der Russischen Föderation, durchfließt auf ihrem 4265 Kilometer langen Weg die Autonome Republik Jakutien im Nordosten Sibiriens bis zum Eismeer. Im Winter ist Jakutien eine der kältesten Regionen der Erde, im Sommer dagegen, Zeit der Kreuzfahrten, ist es hier angenehm warm. Mit Olympia-Reisen braucht man in diesem entlegenen Teil der Erde nicht auf Komfort zu verzichten: Das moderne Schiff ist in Österreich gebaut.

Ausflug ins Reich der Kirchen und Klöster

Der „Goldene Ring", ein Ring altrussischer Städte, der sich von Sergiew Possad über Rostow Welikij und die Wolgastädte Jaroslawl und Kostroma bis nach Wladimir und Susdal zieht, hat Geschichte. Olympia-Reisen macht bekannt mit den byzantinisch geprägten architektonischen Vorbildern des ersten russischen Staates – der mittelalterlichen „Kiewer Rus". Hier entstand der für die altrussische Architektur charakteristische Baustil, der dann an das Moskauer Zarentum, von dem später die Einigung Rußlands ausging, weithervererbt wurde.

Vom früheren Reichtum und Einfluß der Kirche zeugen beeindruckende Bauten, wie das Dreifaltigkeitskloster des Heiligen Sergius von Radonesch in Sergiew Possad, die Kirchen und Klosteranlagen in und um Wladimir und Susdal, die Sakralbauten in Nowgorod, die prachtvollen Kathedralen des Moskauer Kreml. Inzwischen ist die Kirche in Rußland wieder eine bedeutende Kraft geworden, in viele Kirchen und Klöster ist das kirchliche Leben zurückgekehrt.

Kiew – zweitgrößte GUS-Stadt

Olympia-Reisen zeigt den Reisenden auch die Millionenstadt Kiew, Hauptstadt der unabhängigen Ukraine, der Bevölkerungszahl nach die zweitgrößte GUS-Staat. Hier leben auch viele Russen, russisch ist gängige Umgangssprache. Trotz ihrer zwei Millionen Einwohner hat sich die Stadt am Dnjepr ländliche Intimität bewahrt. Mit der mächtigen Sophien-Kathedrale und vor allem dem wunderschön auf einer Anhöhe über dem Dnjepr gelegenen, bereits zu Zeiten der „Kiewer Rus" gegründeten Höhlenkloster beherbergt die Stadt Kulturdenkmäler, die zu den bedeutendsten im Bereich der orthodoxen Kirche gehören.

Bernsteinküste vor Königsberg und das Baltikum

An der Westgrenze der Russischen Föderation, von deren Territorium allerdings abgeschnitten durch das unabhängige Litauen, liegt das Kaliningrader Gebiet, vor dem Zweiten Weltkrieg Ostpreußen. Zwar wurde Königsberg, heute Kaliningrad, im Krieg fast vollständig zerstört. In den malerischen Badeorten an der Bernsteinküste vor Königsberg ist die Vorkriegsarchitektur aber zum Teil erhalten.

Weiter östlich reihen sich die drei baltischen Republiken Litauen, Lettland und Estland entlang der Ostseeküste aneinander. Für Litauer, Letten und Esten ist im Sommer 1990 ein Traum in Erfüllung gegangen: Nach langen Auseinandersetzungen konnten sie die Unabhängigkeit ihrer Republiken von der Sowjetunion durchsetzen. Inzwischen verändern sich die baltischen Republiken rasch und suchen den Anschluß an Skandinavien und Mitteleuropa.

Die Geschichte verbindet uns mit den Balten, läßt uns vieles vertraut erscheinen – von der Architektur enger Gassen mit schiefen Fachwerkhäusern bis hin zu der Mentalität der Menschen. Was Olympia-Reisen anbietet, ist zuweilen eine Reise in die eigene Geschichte.

Das einstige Memelland wurde 1948 in die Litauische Sowjetrepublik eingegliedert und gehört heute zu Litauen, die Stadt Memel wurde in Klaipeda umgetauft. Das westlich Klaipedas gelegene Dünengebiet der Kurischen Nehrung mit dem Kurischen Haff ist wohl eine der großartigsten Landschaften Europas.

Urlaub auf der Kurischen Nehrung, wie Olympia-Reisen ihn anbietet, das ist Erholung weitab von allem touristischen Massenbetrieb. Die Landzunge zwischen der Ostsee und dem Haff ist rund hundert Kilometer lang, zur Hälfte litauisch, zur Hälfte russisch, zwischen drei und fünf Kilometer breit. Malerischer Hauptort der Nehrung ist Nidden. Hier machten früher Künstler und Schriftsteller Ferien. Thomas Mann war fasziniert von der Schönheit dieser Landschaft. Auch Juodkrante, von Sand und Fichten, der Ostsee und dem Haff umgeben, gehört zu den schönsten Badeorten Litauens. Wichtigste Regel im Straßenverkehr: Elche haben Vorfahrt!

Unterwegs auf der längsten Eisenbahnstrecke der Welt

Eindrücke einer „Transsib"-Reise, bei Olympia-Reisen gebucht: Sibirien – ein Land unendlicher Weite, beinahe ein ganzer Kontinent. Hügelketten werden zu Gebirgen. Blau und Grün dominieren im Sommer und gehen in ein fein nuanciertes Weiß über, wenn der sibirische Winter hereinbricht. Die Transsibirische Eisenbahn kann über 9000 Kilometern Schiene rollen, sie ist auf der längsten Strecke der Welt unterwegs.

Sibirien ist auch ein unermeßliches Reservoir an Bodenschätzen, ein Land der unbegrenzten Möglichkeiten und des Pioniergeistes, der inmitten der Wildnis Millionenstädte hervorgebracht hat.

Mit dem „Transsib" von Moskau bis zum Stillen Ozean unterwegs sein, ist eine beschauliche, entspannte und dabei intensive Art des Reisens. In den gemütlichen Schlafwagenabteilen der russischen Eisenbahn reicht das Personal Tee aus dem Samowar, im Restaurantwagen wird getafelt. Die russischen Mitreisenden aus dem Nachbarabteil kommen vielleicht aus einem Dorf am Baikalsee, aus der Stadt Komsomolsk am Amur oder aus Wladiwostok am Pazifik und nehmen die Gelegenheit zu einer Unterhaltung gerne wahr. Geredet wird mit Händen und Füßen.

Trekking-Reisen – weniger ist mehr

Die Trekking-Reisen, die Olympia anbietet (Bergtrekking in den Gebirgsregionen von Kirgistan und das angrenzende Sinkiang, Wandern am sibirischen Baikalsee und im Altai-Gebirge), sind eine bewußte Alternative zu anderen Reisen. Hier heißt es: weniger ist mehr! Neben einem Besichtigungsprogramm stehen die schrittweise Annäherung und Erkundung des Zielgebietes, die Begegnungen mit sich selbst im Vordergrund.

Denn wandern heißt auch – mehr Zeit haben. Grandiose Landschaften und das Naturerlebnis in teils menschenleeren Gegenden entschädigen für körperliche Anstrengungen und fehlenden Komfort. Die Trekkingreisen sind auch für Einsteiger und weniger Geübte empfehlenswert. Trittsicherheit und etwas Ausdauer sollten allerdings mitgebracht werden.

Badeurlaub an den schönsten Stränden des Schwarzen Meeres

Eine weitere Alternative Rußland kennenzulernen, ist ein Badeurlaub an den schönsten Stränden am Schwarzen Meer. Der wohl populärste Badeort Rußlands, Sotschi, bietet üppige subtropische Vegetation und warmes, tiefblaues Meer bis weit in den Oktober hinein. Die „Perle der Krim", Jalta, gehört zu den beliebtesten Badeorten der ukrainische Schwarzmeerküste. Dank seines milden Klimas und der reinen Seeluft genießt der Klima-Kurort Weltruf.

Der malerisch vor den Ausläufern des Kaukasus an der Küste des Schwarzen Meeres gelegene Kurort Sotschi ist schon seit langem der populärste Badeort Rußlands. Er bietet die wunderschöne Bergwelt der Kaukasus-Ausläufer unter einem fast immer wolkenlos blauen Himmel, immergrüne üppige subtropische Vegetation, ein warmes tiefblaues Meer bei südlicher Sonne ebenfalls bis in den Oktober hinein; hier wachsen Kastanien, Zypressen, Palmen, Magnolien und Rosen in einer Vielzahl wuchernd grüner Parks und Gartenanlagen.

Olympia-Reisen erschließt auch Jalta, die „Perle der Krim", Jalta zählt heute zu den beliebtesten Badeorten an der ukrainischen Schwarzmeerküste. Dank des milden Klimas, der fast das ganze Jahr hindurch scheinenden südlichen Sonne, der reinen Seeluft des warmen und ruhigen Meeres, seiner Hotels und Sanatorien genießt der Klima Kurort Jalta Weltruf.

Olympia-Reisen macht auch mit der geschäftigen ukrainischen Schwarzmeer-Hafenstadt Odessa bekannt, die sich nach langen Jahren der Stagnation nun wieder herausputzt und dabei ist, an ihre große Vergangenheit als Kultur- und Handelszentrum anzuschließen.

Beratung und Buchung:

Olympia-Reisen, Peter Pocher
Siegburger Straße 49, 53229 Bonn
Telefon 02 28/4 00 03-0, Telefax 02 28/46 69 32
und

Multitours, Ansprechpartner Dieter Andres
Kaiserstraße 64 D, 60329 Frankfurt/M.
Telefon 069/25 05 01, Telefax 069/25 08 75

INTERFAX
– zuverlässige Informationen

Nachdem sich die wirtschaftliche Situation in den Ländern der GUS stabilisiert, bessern sich auch die Investitionsmöglichkeiten für mittelständische Unternehmen. Zuverlässige Informationen sind für potentielle Investoren wichtig: Deshalb bietet die größte und zugleich unabhängige russische Nachrichtenagentur INTERFAX den Wochendienst RUSSIA INVESTOR an.

INTERFAX beliefert von Kronberg im Taunus aus zahlreiche Kunden in Deutschland und Europa zuverlässig mit exklusiven und objektiven Wirtschaftsinformationen aus der ehemaligen Sowjetunion. Wie das Meinungsforschungsinstitut „Public Opinion Foundation" in Moskau durch Befragen feststellte, wird INTERFAX als wichtigste russische Nachrichtenagentur mit den schnellsten, zuverlässigsten und objektivsten Informationen aus den Bereichen Wirtschaft und Politik angesehen.

INTERFAX, mit mehr als 700 Mitarbeitern und 70 Büros in der gesamten GUS, ist eine Informationsquelle, der auch Agenturen und Zeitungen, Regierungen und Forschungsanstalten in ganz Europa, in den USA und Japan vertrauen.

Der Dienst RUSSIA INVESTOR erscheint in Englisch mit einem Umfang von circa 20 Seiten. Hier finden sich präzise Informationen für Investoren und Marktanalytiker. Dargestellt werden Chancen und Möglichkeiten in allen Wirtschaftsbereichen der GUS-Republiken. Es wird über bevorstehende Privatisierungen von Unternehmen berichtet. Der Leser erfährt rechtzeitig vom Verkauf von Unternehmensanteilen, Projekte werden dargestellt und die mögliche Beteiligung an Projekten. Ausschreibungen, geplante Kredite und Darlehen oder investitionswirksame Beschlüsse sind Gegenstand der Berichterstattung. Veröffentlicht werden neue Verordnungen und Gesetze sowie aktuelle Börsennotierungen einschließlich der INTERFAX-Indexe (der russische DAX).

Analytische Tages- und Wochendienste

INTERFAX hat außer dem Dienst RUSSIA INVESTOR desweiteren vier tägliche und elf analytische Wochendienste anzubieten, darunter Publikationen zu den Bereichen Oil & Gas, Banking & Finance, Mining & Metal, Food & Agriculture, Business Law, Statistics sowie einige Länderdienste (Ukraine, Beloruss, Eurasia), die mittlerweile zu den wichtigsten Informationsquellen der Manager aus ganz Europa geworden sind, die in den GUS-Republiken ein Betätigungsfeld gefunden haben oder noch finden wollen.

Ab Januar 1997 gibt INTERFAX gemeinsam mit den FAZ-Informationsdienste einen monatlichen Finanznewsletter „Moscow Banking & Finance" heraus.

Alle Dienste können auch on-line bezogen werden (SPRINT, INTERNET).

Finanz- und Wirtschaftszeitung als Werbeträger

INTERFAX und die meistgelesene Zeitung Rußlands „Argumenty y Fakty" (AiF) geben gemeinsam die überregionale Finanz- und Wirtschaftszeitung „Interfax-AiF" heraus. Die Zeitung erscheint wöchentlich, mit einer Auflage von 70000 Exemplaren. Das Organ ist das bevorzugte Informationsmedium der „Top-Entscheidungsträger". Die Nachrichtenqualität von Interfax überzeugt, die Vertriebsstärke von AiF garantiert regelmäßigen Bezug. Inzwischen wurde ein eigenes Vertriebsnetz in ganz Rußland sowie in den übrigen GUS-Staaten aufgebaut.

Zum Leserkreis gehören auch die Entscheidungsträger bei den staatlichen und privaten Firmen und Betrieben, die obere Managementetage der Banken, Finanzinstitute, Handelsgesellschaften, Ex- und Importfirmen.

„Interfax-AiF" bringt wöchentlich Nachrichten aus den Machtzentren Rußlands, Analysen und Prognosen zur Entwicklung des Finanz- und Fondmarktes, Markt-Indikatoren, Internas der Banken und Aktiengesellschaften, die wichtigsten Gesetze und Verordnungen im Wortlaut und Fachkommentare dazu, Stellungnahmen der Steuerbehörden und viele Exklusivinformationen für die Unternehmer.

Interfax-AiF ist damit ein wichtiger Werbeträger auf dem russischen Markt. Anzeigen können über INTERFAX Deuschland geschaltet werden.

Weitere Informationen bei:

INTERFAX Deutschland GmbH
Industriestraße 6, 61476 Kronberg/Ts.
Telefon 49/6173/61369, Fax 49/6173/61206
Geschäftsführer: Sergej Sosnowsky

120

INTERFAX-Information

❒ Bitte senden Sie uns mehr Information über den/die von uns angekreuzten Dienst/e.

Dienste	Erscheint	Inhalt
❒ News	täglich, on-line	Laufender täglicher Service über alle politischen und wirtschaftlichen Entwicklungen in der GUS.
❒ Presidential Bulletin	1 × täglich	Offizielle Informationen des Büros des russischen Präsidenten und der russischen Regierung sowie der Machtstrukturen in den GUS-Staaten.
❒ Diplomatic Panorama	1 × täglich	Aktivitäten, Ereignisse, Erklärungen des Diplomatischen Corps in Rußland und GUS.
❒ Business Report	1 × täglich	Täglicher Bericht über alle wichtigen wirtschaftlichen Entwicklungen in der GUS/tagesaktuell.
❒ Business Review	1 × wöchentlich	Wöchentlicher Wirtschaftsdienst/branchenübergreifend.
❒ Business Woche	1 × wöchentlich	Wie weekly nur in deutscher Sprache.
❒ Oil, Gas & Coal Report	1 × wöchentlich	Insiderinformationen und Analysen aus der Öl- und Gasbranche inkl. Ausrüster, die wichtigste Informationsquelle für die Branche in mehr als 50 Ländern.
❒ Interfax Investment Report	1 × wöchentlich	Der Informationsdienst für Investoren und Anleger mit Informationen über Investitionsmöglichkeiten, Angebote an Investoren, bevorstehende Privatisierungen, Projekte und Ausschreibungen.
❒ Banking, Finance & Investment Report	1 × wöchentlich	Vollständige wöchentliche Information über die wesentlichen Ereignisse im Banken- und Finanzsektor der GUS, Trends, Bankenprofile, Börsenkurse, Gouverment Bonds, Index, Investitionsmöglichkeiten.
❒ Chemical Review	monatlich	Einziger Informationsdienst für die chemische und pharmazeutische Industrie.
❒ Food & Agriculture Report	1 × wöchentlich	Die Informationsquelle für die Bereiche Landwirtschaft und Nahrungsmittel.
❒ Mining & Metals Report	1 × wöchentlich	Die einzigartige Informationsquelle für alle Entwicklungen in den Bereichen Bergbau, Metalle, NE-Metalle, Gold, Uran, Diamanten.
❒ Business Law Review	1 × wöchentlich	Ihr Führer durch den Dschungel russischer Verordnungen und Gesetze.
❒ Statistical Report	1 × wöchentlich	Enthält alle relevanten Makro- und Mikroökonomischen Daten der GUS, einschließlich spezieller Länderreports.
❒ Ukraine Business Review	1 × wöchentlich	Berichtet über die wesentlichen wirtschaftlichen und politischen Entwicklungen in der Ukraine.
❒ Belarus Business Report	1 × wöchentlich	Wie Ukraine für Weißrußland.
❒ Eurasia Business Rep.	1 × wöchentlich	Wie Ukraine für die Bereiche Ural, Sibirien und die asiatischen Republiken der GUS.
❒ Handbuch		Aktuelle Unternehmensprofile wichtiger börsennotierter russischer Unternehmen.
❒ News Clip	wöchentlich und monatlich	Thematische roundups zu bestimmten Themen aus den wöchentlichen Diensten.
❒ Exkl. Sonderrecherche		Auf Anfrage zu bestimmten Themen möglich.
❒ Werbung in der GUS		Eigene Wirtschafts- und Finanzzeitung mit wöchentlicher Auflage von 70 000 Expl.

Nowosibirsk – Stadt und Region

3 unehmendes Interesse bei Geschäftspartnern in Europa findet das Nowosibirsker Gebiet wegen seines ungeahnten Zukunftspotentials. Sibirien,
das unter einem fast hundertjährigen Negativimage auch heute noch lei-
det, befindet sich derzeit in einer schwierigen Aufbruch- und Umstrukturierungsphase, nicht zuletzt wegen der Teilkonversion der gewaltigen Rüstungs-
industriezweige, die erhebliche finanzielle und personelle Probleme bei der
Privatisierung und Umstrukturierung mit sich bringen.

„Go East" lautet die Devise

Wer einmal in Moskau ist, sollte unbedingt die drei Flugstunden in die weiter
östlich gelegene Stadt Nowosibirsk auf sich nehmen, um die Situation vor Ort zu
begutachten. Von Deutschland aus dauert der Flug ca. sechs Stunden und geht
mit der Sibir Air oder Lufthansa 2 × wöchentlich von Frankfurt/M. bzw. Hanno-
ver. Novowsibirsk, das zwischen den Oberläufen der Flüsse Ob und Jenissej
liegt, ist Ausgangspunkt für Abstecher zu den Städten Omsk, Krasnorjarsk, Ir-
kutsk am Baikal-See oder Tjumen und Ula-Ude im Süden.

Die Hauptgründe für die Zukunftschancen als Wirtschaftsregion sind:
– günstige Investitionsbedingungen
– zentrale strategische Lage
– unerschlossene Rohstoffreservate
– vorhandene Industriestruktur
– ökologisch ausbaufähige Landwirtschaft
– vorhandene Wissenschafts- und Forschungszentren

Hauptstadt Sibiriens

Nowosibirsk zählt mit 1,5 Mio. Einwohnern heute zur drittgrößten Stadt Rußlands hinter Moskau und St. Petersburg. Das rasante Wachstum innerhalb von
100 Jahren wurde durch den Bau der Transsibirischen Eisenbahn begünstigt und
trug ihr schon um die Jahrhundertwende den Ruf eines sibirischen Chikago ein.
Die Entwicklung wurde in der Vergangenheit durch die Errichtung der Trabantenstadt Akademgorod für Forschungszwecke, insbesondere auf militärischen
Bereichen und die entsprechende Förderung der damaligen Regierung begünstigt und forciert. Die Stadt verfügt über 13 Hochschulen, 33 Fachschulen, Oper,
Ballett, fünf Theater, Gemäldegalerien und zwei Museen und bildet damit auch
den kulturellen Mittelpunkt der Region. Für den Geschäftstouristen stehen folgende Hotels mit westlichem Standard zur Verfügung (Vorwahl von Deutschland aus: 0 07/38 32):

Nowosibirsk, Leninstraße 3, Tel. 20 11 20
Nowosibirsk Airport, Tolmatschowo, Tel. 28 14 30

Nowosibirsk-Glawny, Bahnhofshotel, Tel. 29 23 76, 29 23 75

Oktjabrskaja, Jadrinzewskjastraße 14, Tel. 22 49 01

Hotel Ob, Dobroljubowstraße 2, Tel. 66 74 01

Sewernaja, Dzershinski Prospekt 32, Tel. 77 13 47

Sibir, Leninstraße 21, Tel. 23 12 15

Zentralnaja, Krasny Prospekt 25, Tel. 22 03 13

Der Flughafen Tolmatschowo wird seit 1992 zu einem internationalen Flughafen mit Beteiligung JWF und der Europäischen Bank für Wiederaufbau und Entwicklung in mehreren Stufen bis zum Jahre 2003 mit einem Investitionsvolumen
von 1,2 Mrd. $ ausgebaut.

Als Finanzzentrum ist Nowosibirsk mit 31 Geschäftsbanken und 36 Filialen und
einer eigenen Devisenbörse, die als Clearingstelle für die gesamte Region dient,
führend. Die Adressen der Finanzinstitute finden sich im Anhang.

Das Gebiet Nowosibirsk

Das Gebiet um Nowosibirsk liegt zwar jenseits des Ural, befindet sich jedoch in
der geographischen Mitte Rußlands und ist mit 178 000 Quadratkilometern halb
so groß wie Deutschland. Die Bevölkerung wird jedoch nur mit 2,8 Millionen
Menschen angegeben, darunter ca. 60 000 Deutsche, dies entspricht einer Bevöl-
kerungsdichte von nur 16 Bewohnern je Quadratkilometern.

Die administrative Aufteilung des Gebietes gliedert sich in 30 Bezirke mit 14
Städte, 19 Arbeitersiedlungen, 420 Dörfer und 1541 ländliche Siedlungen.
Hauptzweige der Landwirtschaft sind Getreide- und Futtermittelproduktion,
Kartoffel- und Gemüseanbau, Rinder-, Schaf-, Schweine- und Geflügelzucht.
Die Nutzflächen der Landwirtschaft beträgt 8 Mio. Hektar, davon ist die Hälfte
Ackerland.

Iskitimer Rayon
4 400 km², 42 600 Einwohner
Zementwerke, Baustoffproduktion,
Elektrodenwerk, Süßwarenprod.

Katschenjowo Rayon
5 100 km², 26 300 Einwohner
Ziegeleien, Geflügel- und Butterprod.,
Transport- und Bauwesen

Moschkowo Rayon
2 600 km², 27 700 Einwohner
Erdölverwaltung und Bauverwaltung,
Rohrleitungsbau

Bolotnoje Rayon
3 400 km², 16 300 Einwohner
Eisenbahntransportbetriebe, Nahrungsmittelindustrie, Bekleidungsindustrie,
Verpackungsindustrie

124

Togutschin Rayon
6 000 km², 36 300 Einwohner
Landwirtschaftsproduktion, Getränke,
Bier-, Frucht- und Obstsäfteprod.,
Akkumulatoren

Tscherepanowo Rayon
2 900 km², 22 300 Einwohner
Fleisch-, Milch- und Brotkombinate,
Möbel- und keramische Produkte

Ordynsk Rayon
4 700 km², 28 600 Einwohner
Stadt Ordynskoje liegt am malerischen
Nowosibirsker Staubecken,
vorbildliche Autobahn in Richtung
Westen

Barabinsk Rayon
5 400 km², 18 500 Einwohner
Transportwesen, Möbelproduktion,
Fischzuchtbetriebe an den Seen
Tschany, Sartlan, Tandowo und
Barabinsk

Tatark Rayon
5 100 km², 21 000 Einwohner
Bevölkerung arbeitet zu ⅓ im
Transportwesen, Handels- und
Technologiebetriebe, Baustoffe,
Textil (Smith AG), Molkerei-
und Rassezuchtbetriebe

Wengerowo Rayon
4 100 km², 15 600 Einwohner
Butterfabriken, Ziegeleien, Töpfer-
handwerk, altes Handelszentrum mit
berühmten Pferdemarken

Ubinka Rayon
12 900 km², 21 100 Einwohner
Molkerei- und Fleischprodukte,
berühmte Fischproduktion am See
Ubinskoje bereits zur Zarenzeit

Masljanino Rayon
3 400 km², 13 900 Einwohner
Einzige Goldgewinnung der gesamten,
Region, beliebtes Touristenzentrum:
Flußfahrt auf dem Berd von Masljanino
bis Iskitim stromabwärts

Susun Rayon
4 700 km², 20 500 Einwohner
Verkehrsknotenpunkt Susun,
Nahrungsmittel- und Fleischverarbei-
tende Kombinate, Forstbetriebe,
Kunsthandwerk

Kuilischew Rayon
8 800 km², 22 000 Einwohner
Industriezentrum von Baraba, Chemiewerk, Autoteile, Druckerzeugnisse,
Nahrungsmittelproduktion, Alkohol-
und Wodkaproduktion

Tschany Rayon
5 500 km², 23 700 Einwohner
Erholungsgebiet mit größten
Sanatorien Sibiriens,
Kurort Karatschi

UST-Rayon
4 100 km², 15 600 Einwohner
Landwirtschaftsgürtel aus dem
18. Jahrhundert für die Versorgung
Moskaus, heute vornehmlich
Molkereiproduktion

Sewernaje Rayon
15 800 km², 12 600 Einwohner
größte Rayon, Landwirtschaft,
neuerschlossene Erdöl- und Erdgas-
gewinnung

Kargat Rayon
5 600 km², 12 700 Einwohner
Verarbeitung von Landwirtschafts-
produkten, Gewerbekombinate

Karasuk Rayon
5 100 km², 26 300 Einwohner
Kreuzung der Mittelsibirischen Magistrale Eisenbahnlinie Tatarsk-Kulunda,
Fernstraße Pawlodar-Nowosibirsk-Karasuh.
Feinwollige Schafzucht, Milch- und Fleischviehzuchtbetriebe.

Ausweitung der Handelsbeziehungen

Die Rohstoffvorkommen des Nowosibirsker Raumes sind beträchtlich, ge-
schätzt werden folgende Rohstoffvorräte:

Erdöl	133 Mio. Tonnen
Erdgas	35 Mio. Kubikmeter
Zementstoff	180 Mio. Tonnen
Marmor	6 Mio. Tonnen
Torf	8 Mrd. Tonnen

In der Industrie sind 80% aller Erwerbstätigen beschäftigt. Die Nowosibirsker
Industrie erbringt 15% der gesamten westsibirischen Produktion. An der Spitze
stehen der Maschinenbau und die Metallbearbeitung mit einem Anteil von 28%.
Weitere wichtige Industriezweige sind Nahrungsmittelindustrie, Metallhütten-
werke, Energiewirtschaft, Baustoffherstellung, Chemie sowie Textilindustrie.
Der Bedarf an Ausrüstungsinvestitionen ist groß. Die Exportvermarktung der
Produkte bedarf ebenfalls des westlichen Know How.

Maschinenbau sucht Kooperation

Der Maschinenbau war in der Vergangenheit stark mit dem militärischen Rü-
stungskomplex verbunden. Die Schwerpunkte liegen in den Städten Oms, Kras-
nojarsk und Nowosibirsk selbst. Gegenwärtig bieten sich zahlreiche Kooperat-
tionschancen. Die wichtigsten Ansprechpartner sind:

Sibilitmasch, 630024 Nowosibirsk, Betonnajastraße 2
Tel. 44 00 16, Fax 4 69 88
Gießerei-, Hochofen- und Spritzgußtechnik

Sibelmasch, 630031 Nowosibirsk, Stanzionnajastraße 38
Tel. 41 67 33, Fax 41 63 88
größter Produzent von Landwirtschafts- und Haushaltstechnik sowie Möbel

Sibtextilmasch, 630071 Nowosibirsk, Stanzionnajastraße 60/1, Tel. 41 65 00
Webstühle, Mikrowellen, Öfen, Möbelproduktion

Elsib AG, 630088 Nowosibirsk, Sibirijaki-Gwardeizystraße 56
Tel. 42 11 62, Fax 42 69 27
Turbo-, Hydro- und Hochfrequenzgeneratoren, Werkzeuge und technische
Ausrüstungen

Vega Produktionsvereinigung, 633190 Nowosibirsk Oblast
Tel. 82 41/6 25 73, Fax 5 34 57
Tonband-, Cassetten- und Stereosysteme höchster Qualität

Sewer, 630038 Nowosibirsk, Objedineniestraße 3, Tel. 25 55 73, Fax 74 11 77
Kondensatoren-, Laser- und Steuerungstechnik, Autoelektrik und Präzisions-
geräte

Hipo „Biopräparat", 633159 Nowosibirsk Oblast, Siedlung Kolzowo
Tel. 64 73 10, Fax 32 88 31
Entwicklung und Produktion diagnostischer Präparate, insbesondere AIDS
und Hepatitis

Die sibirische Forschung geht auf den Markt

Lasertechnologie, synthetische Herstellung von Edelsteinen und Biochemipa-
tente sowie Hormonforschung sind nur ein Teil der führenden Forschungs-
gebiete. Die Akademie der Wissenschaften Rußlands unterhält allein drei Aka-
demien in Nowosibirsk mit 43 Instituten, 17 Fachhochschulen und über 100
Forschungsinstituten. Der hohe Standard auf diesem Gebiet läßt sich aus der
Tatsache ermessen, daß von den rund 4 000 Wissenschaftlern ca. die Hälfte für
ausländische Projekte tätig geworden ist. Das Ausbildungsniveau muß nach wie
vor hoch eingeschätzt werden. Die Region unterhält 1 500 allgemeinbildende
Schulen mit 400 000 Schülern in Gymnasien, technischen Berufschulen (160
Fächer), mittlere Fachschulen (107 Fachrichtungen) und experimentellen Privat-
schulen.

Die Infrastruktur ist seit dem Bau der Transsibirischen Eisenbahn natürlich ge-
wachsen. Nowosibirsk ist Knotenpunkt und Umschlagplatz wichtiger Transport-
wege zwischen dem europäischen Rußland und Asien. Nicht umsonst ist die Internationale Import- und Exportmesse SIB, die seit 1991 im September jeden
Jahres stattfindet, ein wichtiges Ereignis im internationalen Messekalender. Mit
Schwerpunkt Luftfahrt, Maschinenbau, Chemie und Nahrungsmitteln bietet
diese Messe Ansatzpunkte das Marktpotential sibirischer Märkte auszuloten
und Kontakte zu Unternehmen und Forschungsstätten zu knüpfen. Anatolij
Newerow ist der Leiter des Informations- und Wirtschaftszentrum des Nowosibirsker Gebiets in Deutschland. Er ist Interessenten bei der Kontantanbahnung
und Messevorbereitung von Frankfurt aus behilflich.

Kontaktanschriften:

Vorwahl aus Deutschland nach Nowosibirsk: 007/3832

Informations- und Wirtschaftszentrum
des Nowosibirsker Gebietes
in Deutschland
Senckenberganlage 10–12, 60325 Frankfurt/Main
Tel. 069/751327, 751328, Fax 069/74377, 7434359
Ansprechpartner: Anatolij Newerow

Administration des Nowosibirsker Gebietes
Krasny Prospekt 18, 630011 Nowosibirsk
Tel. 232995, 230862, Fax 235700

Handels- und Industriekammer Nowosibirsk
ul. Marksa d1, 630064 Nowosibirsk
Tel. 464150, 464065, Telex 133171 Siban SU

Bank der Entwicklung Sibiriens
Kommerzbank mit ausländischer Beteiligung
Krasny Prospekt 74, 630081 Nowosibirsk
Tel. 256098, 258755, Fax 217674, Telex 133271 Nika SU

AG Sibirische Handelsbank
Krasny Prospekt 25, 630099 Nowosibirsk
Tel. 980200, Fax 236576

Nowosibirsker Regionalbank – Rosselchosbank
Woksalnaja Magistral 16, 630099 Nowosibirsk
Tel. 297739, Fax 227871

Sibekobank – Kommerzielle Aktienbank
ul. Narodnaja 69, 630038 Nowosibirsk
Tel. 763302, Fax 763392

Sibirski Bank – Kommerzielle Aktienbank
ul. Lenina 4, 630099 Nowosibirsk
Tel. 224646, Fax 226188, 226939

Internationale Sibirische Messen
ul. Gorki 16, 630099 Nowosibirsk
Tel. 980128, Telex 133166 SFA SU

Fluggesellschaft Sibir
Flughafen Tolmatschowo, 630062 Nowosibirsk
Tel. 227572, Fax 220480

Uspenskij—Kathedrale
(Kreml)

RUS
CON

N

Moskau: Haus des Touristen

Fliegender
Bazar

Matrioschkas

Moskauer Staatsuniversität

Metrostation

Bolschoi—Ballett

Kaufhaus Gum

RUS

CON

*

ON

Kathedralenplatz im Kreml

Gastronom Nr. 1
Delikatessengschäft
in Moskau

Business Center Moskau

Hallenbad in Moskau

Erlöserkirche am Gribojedov—Kanal in St. Petersburg

St. Petersburger Delikatessen

Klassizistik in St. Petersburg

RUS★
CON...ON

Katharinenpalast in Puschkin

Im Park von
Schloß Pawlow

Eremitage: Zarenkutsche

Eremitage: Freitreppe

Schloß Pawlowsk

Souvenirs

Moskauer Kreml und Basilius–Kathedrale

RUS
CON

★

ON

Bauernmärkte

St. Petersburg:
Katharinenpalast,
zarische Sommerresidenz

St. Petersburger Alexander-Newskij-Kloster

Erlöserkirche in
St. Petersburg

Panzerkreuzer Aurora

St. Petersburg: Winterpalais

Alphabet, Sprache, Dolmetscher

Иn der Gemeinschaft unabhängiger Staaten (GUS) werden insgesamt 130 Sprachen gesprochen. Russisch ist die offizielle Landessprache der Russischen Föderation und Muttersprache von rund 150 Millionen Russen. Auch in anderen Teilen der GUS wird Russisch verstanden. Die vergleichsweise junge Sprache zählt zum slawischen Zweig der indogermanischen Sprachengruppe. Fremd- und Lehnwörter kennt die russische Sprache auch: von Aeroport über Kafe, Teatr, Metro, Taxi, Restoran klingt manches für ausländische Ohren vertraut.

Die Scheu vor dem kyrillischen Alphabet ist weit verbreitet. Man sollte sich aber damit befassen, um die Namen von Ortschaften, Straßennamen oder Firmenschildern lesen zu können. Es ist nicht so schwer, sich die fremd anmutenden Buchstaben einzuprägen. Sie sind oft gar nicht so weit von den lateinischen entfernt.

Kleines kyrillisches Alphabet

Аа	wie Aperitiv		**Оo**	wie Opera, die Oper
Бб	wie Bolschoj-Theater		**Пп**	wie Papirossa, die russische Cigarette
Вв	wie Wilka, die Gabel		**Рр**	wie Ryba, der Fisch
Гг	wie Gai, Verkehrspolizei		**Сс**	wie Stul, der Stuhl
Дд	wie Dengi, das Geld		**Тт**	wie Telefon
Ес	wie Yeda, das Essen		**Уу**	wie Uliza, die Straße
Жж	wie Zhuk, der Käfer		**Фф**	wie Flag, die Flagge
Зз	wie Zakuska, die Vorspeise		**Хх**	wie chleb, das Brot
Ии	wie Ivan, der russische Bürger		**Чч**	wie Tschort, der Teufel
Кк	wie Kniga, das Buch		**Шш**	wie Schapka, der Hut
Лл	wie Ljudi, die Menschen		**Щщ**	wie Schtschi, die russische Kohlsuppe
Мм	wie Mjaso, das Fleisch		**Ээ**	wie Eremitage, die Galerie in St. Petersburg
Нн	wie Nosch, das Messer		**Юю**	wie Yubka, der Rock
			Яя	wie Yabloko, der Apfel

Sprache

Beschilderung

Eingang	*wchod*
Ausgang	*wychod*
Toilette	*tualét / ubórnaja*
für Damen (D)	*dljá schénschtschin (sch)*
für Herren (H)	*dljá muschtschín (m)*
besetzt	*sánjato*
frei	*swobódno*
Kasse	*kássa*
Information	*spráwki*
Bahnhof, Station	*wóksal*
offen	*otkryto*
geschlossen	*sakryto*
verboten	*sapreschtscháetsa*
gefährlich	*ópasno*
Lebensmittel	*prodúkty*
Feinkosthandel	*gastronóm*
Imbißstube	*sakúsotschnaja*
Selbstbedienung	*samoobslúschiwanije*
Wäscherei	*prátschetschnaja*
chem. Reinigung	*chim-tschístka*
Bücher	*knígi*
Schreibwaren	*kult-towáry*

Zeit

Wie spät ist es?	*Kotóryj tschas?*
Wie lange dauert das?	*Skólko wrémeni äto sanimáet?*
Stunde	*tschas*
Tag	*den*
Woche	*nedélja*
Monat	*mésjaz*
Zu welcher Zeit?	*W kakóje wrémja?*
diese Woche	*äta nedélja*
(vergangene, kommende)	*(próschlaja, slédujuschtschaja)*
gestern	*wtscherá*
heute	*segódnja*

morgen	*sáwtra*
Montag	*ponedélnik*
Dienstag	*wtórnik*
Mittwoch	*sredá*
Donnerstag	*tschetwérg*
Freitag	*pjátniza*
Samstag	*subbóta*
Sonntag	*woskresénje*

Unterwegs

Guten Tag!	*dóbryj den!* – *alló* (nur beim Telefonieren)
	sdrástwuj! (nur einer Du-Person)
Guten Abend!	*dóbryj wetscher!*
Guten Morgen!	*dóbroje útro!*
Gute Nacht!	*dóbroj nótschi!*
Auf Wiedersehen!	*do swidánja!* (neutral)
	– *ciao!* (umgangssprachlich)
Viel Glück!	*stschastlíwo!*
gut	*choroschó*
herrlich	*prewoschódno*
Sprechen Sie deutsch?	*Wy goworite ponemézki?*
englisch?	*po-anglíjski?*
Ich verstehe nicht	*Ja ne ponimáju*
Ich habe nicht verstanden	*Ja ne pónjal*
Wiederholen Sie bitte	*Powtoríte poschálusta*
Wie nennt man das?	*Kak wy äto nasywáete?*
Wie sagen Sie?	*Kak wy goworíte?*
Entschuldigen Sie	*iswinítje, pashálujsta*
ja	*da*
nein	*njet*
danke	*spassíba*
bitte	*pashálujsta*
Keine Ursache	*nje sa schto*
Herein!	*wajdítje!*
Zum Wohl!	*sa wásche sdaRówje!*
Wo bekomme ich	*Gdje ja magú kupítj*
ausländische Zeitungen?	*inostránnyje gaséty?*
Kann man hier Geldwechseln?	*Móshna li sdjeß abminjátj valjútu?*
Wo kann man ins Ausland telefonieren?	*Gdje móshna pasvanítj sagranízu?*

Helfen Sie, bitte!	*Pamagítje, pasháłujsta!*
Ich brauche medzinisch Hilfe	*Mnje nushná midizínskaja pómoschtsch*
Wo ist	*gdje nachóditsa*
Wo gibt es hier …?	*Gde sdes …?*
…eine Polizeiwache	*atdilénije milízii*
…ein Krankenhaus	*balníza*
…eine Apotheke	*aptjéka*
…ein Postamt	*pótschta*
…eine Bank	*bank*
…ein Restaurant	*ristarán*
…ein Café	*kafä*
…ein Lebensmittelgeschäft	*gastranóm*
…ein Kaufhaus	*uniwermág*
…ein Supermarkt	*uniwersám*
…eine Bäckerei	*búlotschnaja*
…ein Zeitungsstand	*gasétnyj kiósk*
…eine Tankstelle	*awtosapráwotschnaja stánzija/awtosérwis*
…Gesandtschaft / Konsulat	*posólstwo / kónsulstwo*
…eine Toilette	*tualjét*
…ein Taxistand	*stajánka taksí*
…die Metrostation	*stánzija mitró*
…der Bahnhof	*waksál*
…ein öffentliches Telefon	*tilifón-aftamát*
…eine Kfz-Reparaturwerkstatt	*aftaremóntnaja mastirskája*
…Geldwechsel	*obmén waljúty*
Ich möchte Geld wechseln	*Ja chotschú obmenját déngi*
Wie ist der Kurs?	*Kakój kurs?*
Nehmen Sie Kreditkarten an?	*Wy primináete kreditnye kártotschki?*
Wieviel kostet?	*skólka stóit?*
Das ist sehr teuer	*Äto ótschen dórogo*
viel	*mnógo*
wenig	*málo*
Haben Sie…?	*U was jest…?*
Wo kann ich kaufen?	*Gde ja mogú kupit…?*
Zigaretten	*sigaréty*
Fahrkarte	*bilét*
Ich brauche Hilfe.	*Mne nuschná pómoschtsch.*
Man hat mir Geld und Paß gestohlen.	*U minjá ukráli djéngi i pásport.*
Brieftasche	*bumáshnik*
Rufen Sie einen Arzt	*Wysavítje pasháłujsta wratschá*

Mir tut weh…	*U minjá balít…*
Kopf	*galawá*
Herz	*ßjértze*
Magen	*shelúdak*

Fragen

wer?	*kto?*
wie?	*kak?*
was?	*tschto?*
wann?	*kogdá?*
wo?	*gdé?*

Essen und Trinken

Kellner	*ofiziánt*
Speisekarte	*menjú*
Ich möchte bestellen	*Ja chotschú sakasát*
Frühstück	*sáwtrak*
Mittagessen	*obéd*
Abendessen	*úschin*
Spezialität des Hauses	*firmennoje bljúdo*
Kaffee	*kófe*
Tee	*tschaj*
Bier	*píwo*
Mineralwasser	*minerálnaja wodá*
Brot	*chleb*
Butter	*máslo*
Suppe	*sup*
Gemüse	*ówoschtschi*
Fisch	*ryba*
Rindfleisch	*gowjádina*
Huhn	*kúriza*
Schweinefleisch	*swinína*
Zucker	*sáchar*
Salz	*sol*
Pfeffer	*pérez*
Serviette	*selfétka*
Die Rechnung, bitte!	*Stschjot poschálusta!*

Hotel

Ich habe ein Zimmer reserviert.	*U menjá sakásano mésto.*
Ich möchte reservieren…	*Ja chotschú sakasát mésto…*
…ein Einzelzimmer	*…odnoméstjnuju*
…ein Doppelzimmer	*…dwuméstnuju kómnatu*
Koffer	*tschemodán*
Tasche	*sumka*
Zimmerschlüssel	*kljútsch*

Zahlen

1	*odin* (sprich: *adin*)	40	*sórok*
2	*dwa*	50	*pjatdesját*
3	*tri*	60	*schestdesját*
4	*tschetyre*	70	*semdesját*
5	*pjat'*	80	*wósemdesját*
6	*schest'*	90	*dewjanósto*
7	*sem'*	100	*sto*
8	*wósem'*	101	*sto odin*
9	*déwjat'*	200	*dwésti*
10	*désjat'*	300	*trísta*
11	*odinnadzat'*	400	*tschetyresta*
12	*dwenádzat'*	500	*pjatsót*
13	*trinádzat*	600	*schestsót*
14	*tschetyarnadzat*	700	*semsót*
15	*pjatnádzat'*	800	*wosemsót*
16	*schestnádzat'*	900	*dewjatsót*
17	*semnádzat'*	1000	*tysjatscha*
18	*wosemnádzat'*	2000	*dwe tysjatschi*
19	*dewjatnádzat'*	10 000	*désjat tysjatsch*
20	*dwádzat'*	100 000	*sto tysjatsch*
21	*dwádzat' odin*	1 000 000	*millión*
30	*trídzat'*		

Dolmetscher- und Beratungsdienste

Ab Herbst 1996 steht in Moskau das „Haus der Deutschen Wirtschaft" zur Verfügung, vom Deutschen Industrie- und Handelstag errichtet. Hier gibt es funktional eingerichtete Büros, mit Fax- und Telefonanschluß, Computern, zweisprachigen Sekretärinnen und Sachbearbeitern (deutsch/russisch).

Auskünfte darüber:
Delegation der Deutschen Wirtschaft
DIHT-Büro Berlin/Kurier Moskau
Telefon 007/0095/2367288, Fax 007/095/9585163.

Bei der Vermittlung von Dolmetscherdiensten helfen die IHK-Gesellschaft zur Förderung der Außenwirtschaft und Unternehmensführung mbH, Schönholzer Straße 10–11, 13187 Berlin (Telefon 030/4880 6490, Fax 030/4880633), oder die IHK Ostwestfalen zu Bielefeld, Abteilung Außenwirtschaft, Elsa-Brandström-Straße 1–3, 33602 Bielefeld, Telefon 0521/554230, Fax 0521/554109. Dolmetscherdienste vermittelt auch der Deutsch-Russische Wirtschafts- und Industrieclub im Haus der Wissenschaft und Kultur der Russischen Föderation in Berlin.

Adresse:
Friedrichstraße 176–179, 101117 Berlin
Telefon 030/20302251, Fax 030/2291302

Im übrigen haben mittlerweile alle Industrie- und Handelskammern in der Bundesrepublik Listen von Dolmetschern und Übersetzern, darunter auch vereidigte, die in den verschiedenen Bundesländern tätig sind.

Adressen und Anlaufstellen in Moskau:

Förderung des Erfahrungsaustausches, Hilfe bei der Kontaktaufnahme zu russischen Geschäftspartner und Behörden, sowie bei Rechts-, Steuer- und Wirtschaftsfragen bietet der

Verband der Deutschen Wirtschaft in der Russischen Föderation an:
103070 Moskau, ul. Dobininskaja 98
Telefon 007/095/9582 96/2, Fax 007/095/958964

GWZ, Gesellschaft für internationale wirtschaftliche Zusammenarbeit Baden-Württemberg,
123610 Moskau , Krasnopresnenskaya Nab. 12
Telefon 007/095/2531120, Fax 007/095/2533120

Brandenburgische Außenhandelsagentur GmbH
Repräsentanzbüro Moskau
Prospekt 60 Letija Oktjabrja
Telefon 007/095/1355227, Fax 007/095/1355227

Beratungsdienste in Deutschland:

Der Bundeswirtschaftsminister bietet den KfW-Beratungsdienst Mittel- und Osteuropa an, bei dem sich auch Unternehmen, die sich Rußland engagieren wollen, über Finanzierungs- und Fördermöglichkeiten der Kreditanstalt für Wiederaufbau (KfW), der EU, des Bundes und der Länder beraten lassen können. Die Beratung schließt die Vermittlung von Kontakten zu anderen Ansprechpartnern ein.

Adresse:
Kreditanstalt für Wiederaufbau, Niederlassung Berlin
Beratungszentrum
Charlottenstraße 33/33a, 10117 Berlin
Telefon 030/20264316, Fax 030/20264192

Die Sächsische Gesellschaft zur Förderung des Osthandels e. V. hat in einem Firmenpool deutsche Unternehmen zusammengeschlossen, die seit Jahrzehnten mit östlichen Ländern kooperieren. Die Gesellschaft unterhält Verbindungen zu nationalen und internationalen Institutionen, Banken, Wirtschaftsvereinigungen, Einzelunternehmen und Verbänden, mit denen man Informationen austauscht. Es werden Kontakte zwischen deutschen und osteuropäischen Unternehmen vermittelt. Im Auftrag des Bundeswirtschaftsministeriums führt man in Kooperation mit der Industrie- und Handelskammer Südwestsachsen sporadisch Exportförderungsveranstaltungen durch.

Adresse:
Sächsische Gesellschaft zur Förderung des Osthandels e.V.
Chemnitzer Straße 13, 09224 Grüna
Telefon 0371/887203, Fax 0371/887242

Das vom Land Hessen mitgetragene Ost-West-Dienstleistungszentrum im Haus der IHK Kassel bietet Beratung und Unterstützung bei der Kontaktanbahnung zwischen Unternehmungen, begleitet Kooperationsvorhaben bis zu Vertragsabschlüssen zwischen westlichen und osteuropäischen Partnern und bietet Unterstützung bei Marktforschung, Werbung und Marketing. Außerdem hält man Informationen zu Zöllen und Abgaben bereit, die sich stets auf dem neuesten Stand befinden.

Adresse:
OWDZ
Kurfürstenstraße 9, 34117 Kassel
Telefon 0561/789352/3, Fax 0561/7891350.

Osteuropa-Network in München befaßt sich mit Sammlung und Auswertung von länderspezifischen Daten über die Entwicklung in den Bereichen Wirtschaft und Recht in Rußland und bietet Geschäftsleuten Unterstützung durch russischsprachige Anwälte in Deutschland. Außerdem arbeitet man ständig zusammen mit russischen Anwälten in Moskau und St. Petersburg.

Adresse:
Kanzlei Dres, Scheele, Warnke, Zeilcke & Kirschner
Prinzregentenplatz 15, 81675 München
Telefon 089/4701002, Fax 089/4701006

Die Deutsche Clearing und Countertrade GmbH in Duisburg ist ein Zusammenschluß von Unternehmen aus verschiedenen Bereichen. Die DCCG führt auf privatwirtschaftlicher Basis das Warenaustauschprogramm „Clearing" durch, in Zusammenarbeit mit einer russischen Clearing-Partner-Organisation. Ziel des Programmes ist das weltweite Marketing von russischen Produkten.

Adresse:
DCCG
Deutsche Clearing und Countertrade GmbH, Haus Königsberg
Mülheimer Straße 39, 47058 Duisburg
Telefon 0203/3053550/5, Fax 0203/3053522

Stichwortverzeichnis

Unser Kundenkreis in Rußland:
über 30.000 Firmen – und über 260.000 Privatkunden

Ihr zuverlässiger Partner
für Geschäfte mit Rußland.

JSB „Inkombank"
Slavyanskaya sq. 4, bld. 1
103074 Moskau
Russia
Tel. 0 07/0 95/7 47 50 50
Fax 0 07/0 95/7 47 50 40

Repräsentanz
in Deutschland:
Grüneburgweg 9
60322 Frankfurt am Main
Tel. 0 69/9 59 14 20
Fax 0 69/95 91 42 11

AENGEVELT IMMOBILIEN KG

ist seit 1910 weisungsfreier und unabhängiger Immobiliendienstleister.

Seit 1993 steht Ihnen

AENGEVELT IMMOBILIEN AOST

in Moskau mit einem russisch-deutschen Team von Immobilienspezialisten zur Verfügung:

- Vermietung von Büro-, Handels-, Lager- und Logistikflächen
- Flächenrecycling, Projektaufbereitung, Projektentwicklung
- Entwicklung von Nutzungskonzepten für nicht betriebsnotwendige Liegenschaften
- Immobilienwirtschaftliche Beratung
- Gewerbe- und Industrieansiedlung
- Verkauf von Büro-, Wohn- und Geschäftshäusern als Investment und zur Eigennutzung
- Bewertungen

AENGEVELT
Immobilien-Service weltweit · RDM · Seit 1910
Düsseldorf · Bonn · Berlin · Leipzig · Magdeburg
Frankfurt/M · Moskau
Unabhängigkeit · Vertrauen · Kompetenz

D	40213	Düsseldorf • Heinrich-Heine-Allee 35 • Telefon (0211) 83 91-0 • Fax (0211) 83 91-255 +261
D	53113	Bonn • Rheinweg 23 • Telefon (0228) 53 90 - 0 • Fax (0228) 53 90 - 110
D	10117	Berlin • Mauerstraße 83-84 • Telefon (030) 2 01 93-0 • Fax (030) 2 01 93-301 + 302
D	04103	Leipzig • Salomonstraße 21 • Telefon (0341) 9 97 76- 0 • Fax (0341) 9 97 76-20 + 30
D	39104	Magdeburg • Hasselbachplatz 3 • Telefon (0391) 5 68 78-0 • Fax (0391) 5 64 45 71
D	60313	Frankfurt am Main• Stephanstraße 1-3 • Telefon (069) 9 21 03-0 • Fax (069) 9 21 03-110
RF	119121	Moskau • Uliza Burdenko 14a • Telefon (007095) 248-18-55 • Fax (007095) 248-23- 50

Online: http://www.aengevelt.com

Rossija
Consult und Trade GmbH
– gegründet Ende 1992 –

IHR MITTLER ZWISCHEN OST UND WEST
GESCHÄFTSTÄTIGKEITEN ZWISCHEN
DEUTSCHLAND UND RUSSLAND
UND ANDEREN STAATEN DER GUS

Geschäftsbereiche:

IMPORT
von Holz, Zellstoff, Papier und anderen Holzprodukten

EXPORT
von technischen Ausrüstungen
für die Holzindustrie

VERMITTLUNG
von technischen Bankausrüstungen

LEASING
für Unternehmen in der GUS

TRAINING
Organisation und Durchführung von Seminaren im eigenen
Trainingscenter in Frankfurt/M. für russische Manager
aus Banken und Wirtschaft

Stephanstraße 1
60313 Frankfurt/Main
Telefon 0 69/2 16 82 63, 3 02
Fax 0 69/2 16 82 42